# 攀西民族地区
## 乡村振兴特色发展路径研究

罗春秋　陈江　著

西南财经大学出版社

中国·成都

图书在版编目(CIP)数据

攀西民族地区乡村振兴特色发展路径研究/罗春秋
陈江著.--成都:西南财经大学出版社,2023.12
ISBN 978-7-5504-5758-4

Ⅰ.①攀⋯　Ⅱ.①罗⋯②陈⋯　Ⅲ.①民族地区—农村—社会
主义建设—研究—四川　Ⅳ.①F327.71

中国国家版本馆 CIP 数据核字(2023)第 080404 号

攀西民族地区乡村振兴特色发展路径研究

PANXI MINZU DIQU XIANGCUN ZHENXING TESE FAZHAN LUJING YANJIU

罗春秋　陈　江　著

策划编辑:李邓超　石晓东
责任编辑:石晓东
责任校对:陈何真璐
封面设计:墨创文化　张姗姗
责任印制:朱曼丽

| | |
|---|---|
| 出版发行 | 西南财经大学出版社(四川省成都市光华村街 55 号) |
| 网　　址 | http://cbs.swufe.edu.cn |
| 电子邮件 | bookcj@swufe.edu.cn |
| 邮政编码 | 610074 |
| 电　　话 | 028-87353785 |
| 照　　排 | 四川胜翔数码印务设计有限公司 |
| 印　　刷 | 成都市金雅迪彩色印刷有限公司 |
| 成品尺寸 | 170 mm×240 mm |
| 印　　张 | 11 |
| 字　　数 | 147 千字 |
| 版　　次 | 2025 年 2 月第 1 版 |
| 印　　次 | 2025 年 2 月第 1 次印刷 |
| 书　　号 | ISBN 978-7-5504-5758-4 |
| 定　　价 | 78.00 元 |

# 总序

　　党的十八大以来，在以习近平同志为核心的党中央坚强领导下，中国始终把解决好"三农"问题作为全党工作重中之重，不断加大强农惠农富农政策力度，扎实推进农业现代化和新农村建设，全面深化农村改革。2017 年 10 月，党的十九大报告首次提出实施乡村振兴战略。这一战略的提出既是我国经济社会发展的必然要求，也是中国特色社会主义进入新时代的客观要求；2021 年 4 月，第十三届全国人民代表大会常务委员会第二十八次会议通过《中华人民共和国乡村振兴促进法》，为全面指导和促进乡村振兴提供了法律保障；2022 年 10 月，党的二十大报告提出要"全面推进乡村振兴"，这是对党的十九大报告提出的"实施乡村振兴战略"的进一步发展，党的二十大把乡村振兴战略作为"构建新发展格局，推动高质量发展"的一个重要方面进行了部署。全面推进乡村振兴既是构建新发展格局的需要，其本身也要基于新发展格局的构建，贯彻新发展理念，以中国式现代化高质量推进，即全面推进乡村振兴要主动服务、融入和支撑中国式现代化。

　　2021 年 2 月 25 日，习近平总书记在脱贫攻坚总结表彰大会上庄严宣告：我国脱贫攻坚战取得了全面胜利。脱贫攻坚战取得全面胜利后，以习近平同志为核心的党中央作出设立 5 年过渡期，实现巩固拓展脱贫攻坚成果同乡村振兴有效衔接的重大决策，在巩固拓展脱贫攻坚成果的基础上，做好乡村振兴这篇大文章，接续推进脱贫地区发展和群众生活改善。各级各部门要以习近平新时代中国特色社会主义思想为指导，全面贯彻落实党的二十大精神和中央经济工作会议、中央农村工作会议精神，加快构建新发展格局，着力推动高质量发展，扎实推进乡村发展、乡村建设、乡村治理等重点任务，全面推进乡村振兴，加快农业农村现代化，建设宜居宜业和美乡村，为全面建设社会主义现代化国家开好局起好步打下坚实基础。

全面推进乡村振兴，加快农业农村现代化，对于全力推动巩固拓展脱贫攻坚成果再上台阶具有重要意义。作为脱贫攻坚的"硬骨头""最短板"，民族地区依然是巩固拓展脱贫攻坚成果的重点区域。2022年11月，国家民委等九部门联合印发《关于铸牢中华民族共同体意识　扎实推进民族地区巩固拓展脱贫攻坚成果同乡村振兴有效衔接的意见》，该意见着眼于促进各族群众在实现乡村振兴进程中不断铸牢中华民族共同体意识，确保民族地区在巩固拓展脱贫攻坚成果和乡村振兴工作中不掉队，在共同富裕路上跑出好成绩。

攀西民族地区位于四川西南部，作为四川五大经济发展片区之一，包括攀枝花市和凉山彝族自治州（以下简称"凉山州"）2个市（州）、22个县（市、区），区域面积约6.36万平方千米，区域内分布有彝族、傈僳族、苗族、白族、纳西族、傣族等少数民族，是全国重要的少数民族聚居区。随着攀枝花高质量发展建设共同富裕试验区的加快推进和全国民族团结进步示范市的全面启动（2023年1月，凉山州已被命名为新一轮"全国民族团结进步示范州"），攀西民族地区必须适应新形势、新任务，把推进巩固拓展脱贫成果、扎实推动各民族共同富裕、不断铸牢中华民族共同体意识等重要行动同乡村振兴有效衔接，切实推进区域内乡村振兴战略全面深化和提质增效。

当前，学术界对乡村振兴战略的实质内涵、逻辑理路和实践进路等方面进行了深入研究，成果颇丰。但乡村振兴战略研究还存在重视理论而实践不足，研究内容分布不均衡等问题。作为四川省社科规划重大项目的研究成果，这套精心撰写的"攀西民族地区乡村振兴系列丛书"汇聚了众多专家学者的智慧和经验，围绕乡村振兴"产业兴旺、生态宜居、乡风文明、治理有效、生活富裕"的总要求，立足攀西民族地区经济、政治、社会、文化和生态"五位一体"整体建设的实际情况和需求，将理论与实践相结合，以多元视角阐述乡村振兴的重要意义、发展现状及未来趋势与推进方向，旨在为攀西民族地区乡村振兴战略的深入实施提供有力的理论支持和实践指导。

该丛书由《攀西民族地区乡村振兴理论与实践》《攀西民族地区乡村产业振兴：夯实发展根基》《攀西民族地区乡村人才振兴：抓实第一资源》《攀西民族地区乡村文化振兴：筑牢精神基础》《攀西民族地区乡村生态振兴：建设美丽乡村》《攀西民族地区乡村组织振兴：构建治理体系》《攀西民族地区乡村振兴与康养小镇耦合协同发展研究》《攀西民族地区乡村振

兴特色发展路径研究》八本著作组成。该丛书具有体系逻辑性强、现实指导性强和学科交叉性强等特点和优势。

一是体系逻辑性强。该丛书按照乡村振兴的内在逻辑关系进行排列，从理论到实践，从宏观到微观，构成了一个以乡村振兴战略的理论创新和实践分析为核心，乡村振兴区域特色发展路径为重点，以及促进乡村产业振兴、人才振兴、文化振兴、生态振兴和组织振兴"五位一体"总体布局为主线的"一心两翼五轴"的体系架构。

"一心"是指该丛书以《攀西民族地区乡村振兴理论与实践》为核心，从理论逻辑和实践路径两方面进行宏观层面的分析与构建。《攀西民族地区乡村振兴理论与实践》一书首先阐释了攀西民族地区实施乡村振兴战略的必要性和重大意义，其次分析了中国古代、新中国成立以来，以及马克思主义者和西方经济学派关于乡村振兴的理论，并对这些理论进行分析。该书的重点是按照乡村振兴的五个要求，对攀西民族地区乡村振兴实践展开研究，并阐述"五大振兴"的内在逻辑以及对攀西民族地区乡村振兴的意义；同时还对国外乡村振兴理论和实践进行了参照透视。最后，该书对攀西民族地区乡村振兴的政策供给以及实施步骤提出了可行性建议。

"两翼"是指该丛书以《攀西民族地区乡村振兴与康养小镇耦合协同发展研究》和《攀西民族地区乡村振兴特色发展路径研究》两书为重点，分别选取攀西民族地区文旅康养与特色农业两个优势特色产业为切入点，深入探析它们如何更好地与乡村振兴、城乡融合发展相契合。前者以系统论、系统耦合理论、协同论等相关理论为指导，在宏观层面，剖析攀西地区乡村振兴与康养特色小镇建设之间的内涵及特征，构建耦合发展整体研究框架，重点分析2017—2021年两者耦合协同发展的内在演变过程，从内生性揭示内在耦合机理。在中观层面，该书依据攀西民族地区乡村振兴与康养小镇建设耦合研究框架，评价两者耦合发展过程，构建各自的指标体系。在微观层面，该书通过调研数据分析小农户参与耦合乡村振兴与康养小镇建设，实现"小农户和现代农业发展有机衔接"的有效途径。后者结合攀西民族地区农业产业基础情况，探索攀西民族地区乡村振兴背景下特色农业发展路径、生态农业发展的路径、特色休闲观光农业发展路径、文旅康养发展路径、开放路径、特色文化产业发展路径和品牌路径等内容，重点阐述了如何发挥区域优势，发展生态、休闲、观光等特色农业产业形态。

"五轴"是指该丛书从"五大振兴"角度，分别论述了攀西民族地区在产业、人才、文化、生态和组织领域的统筹推进情况、应对策略和发展方向。其中《攀西民族地区乡村产业振兴：夯实发展根基》一书以构建具有攀西民族地区特色的绿色高效乡村产业体系为目标，通过系统深入的调查和研究，分析攀西民族地区农村产业发展的潜力、困境和主要发展路径。《攀西民族地区乡村人才振兴：抓实第一资源》一书以攀西民族地区乡村振兴人才发展的困境为依据，通过系统梳理攀西民族地区农业农村人才队伍建设和作用发挥等方面存在的问题及国内外乡村人才振兴的措施及启示，紧扣实施乡村振兴战略的现实需求，研究并提出攀西民族地区人才振兴的体系、人才聚集的机制、人才振兴的路径、强化攀西民族地区乡村振兴人才支撑的对策措施。《攀西民族地区乡村文化振兴：筑牢精神基础》一书分别从攀西地区乡村公共文化服务体系建设、乡村文化特色产业发展、乡村传统文化保护、乡村文化生态构建四个维度，调研了攀西民族地区乡村文化建设概况，通过剖析典型案例，总结成功经验，分析存在的问题，进而提出相应发展路径，以期为攀西民族地区乡村文化振兴实践开展提供参考。《攀西民族地区乡村生态振兴：建设美丽乡村》一书以乡村生态振兴视角，结合攀西民族地区乡村生态振兴的建设实际，从乡村系统质量提升、农业资源合理利用与可持续发展、农业生产环境综合治理与绿色农业发展、农村生活环境综合治理、农村生态聚落体系建设、农村人居环境改善和生态资源利用与生态补偿等方面剖析了攀西民族地区美丽宜居乡村建设的实施路径和政策建议。《攀西民族地区乡村组织振兴：构建治理体系》一书围绕乡村组织振兴，深入攀西民族地区开展实地调查研究，重点介绍乡村振兴与乡村组织振兴、乡村组织振兴发展历程与现状、乡村基层党组织建设、乡村基层政权建设、乡村自治实践、乡村德治建设、乡村法治建设、乡村人才队伍建设等方面的内容。

二是现实指导性强。作为目前唯一一套全面梳理攀西民族地区乡村振兴发展现状和成效，并通过大量实地调研及案例分析，提出了一系列推动乡村振兴发展具体策略和方法的丛书，其不仅为民族地区乡村振兴提供了理论指导，还针对攀西民族地区的实际情况，深入挖掘了该地区的特色资源，多维度提出了全面推进乡村振兴的具体策略和方法。同时，每个板块都能从理论基础、政策导向和实践经验层面开展论述，具有很强的地域性、针对性和实用指导意义，这使得该丛书能够提供对攀西民族地区乡村振兴的独特见解和观点，不仅对于关注攀西民族地区乡村振兴的读者和学者具有很强的实用参考意义，还能为政府、企业和社会组织及乡村工作人员提供政策决策支持和借鉴。

三是学科交叉性强。该丛书注重专业性的同时突出了学科交叉性，涵盖了地理科学、环境科学、生态学、经济学、社会学、管理学和文化学等多个学科领域，如《攀西民族地区乡村组织振兴：构建治理体系》一书，运用了管理学、社会学和文化学的相关理论和方法，对乡村组织的构建、治理体系的完善等方面进行了深入研究，为读者提供了乡村组织振兴的实用方法和建议。同时，该丛书借鉴了国内外涉及乡村振兴的多学科理论和实践应用经验，通过多学科的交叉融合，为读者提供了一个全面、深入的视角来理解和研究攀西民族地区乡村振兴问题。

总之，这套"攀西民族地区乡村振兴系列研究丛书"具有较强的系统逻辑、实用指导性和学科交叉创新性等特点，其包含的八本著作，资料翔实，调查充分，视野开阔，案例实证性强，各自独立而又相互联系，宛如攀西民族地区乡村振兴的八面镜子，从不同角度全面、深入、系统地揭示了攀西民族地区乡村振兴的理论内涵与实践路径。

民族要复兴，乡村必振兴。实现中华民族伟大复兴的中国梦，归根到底要靠56个民族共同团结奋斗。在以习近平同志为核心的党中央坚强领导下，四川攀西民族地区各族干部群众将铆足干劲、接续奋斗，努力绘就乡村振兴的壮美画卷，朝着共同富裕的目标稳步前行。希望这套丛书能对广大读者有所启示，对攀西民族地区的乡村振兴和共同富裕有所推动。同时，也期待广大读者和学者能对这套丛书提出宝贵的意见和建议，让我们共同为攀西民族地区的乡村振兴和共同富裕贡献智慧和力量。

2023 年 12 月

# 序言

　　攀西民族地区位于四川省西南部的横断山区，是一个多民族、多文化的地区，也是一个具有得天独厚的自然环境和独特民族人文资源，但经济发展相对滞后的地区。攀西民族地区要充分借助生态资源和民族文化优势，探索一条契合攀西民族地区发展需要的乡村振兴之路。为了推动农业农村经济的发展，提高农民收入，实现乡村振兴，攀西民族地区开始大力发展旅居康养业和特色农业。在乡村振兴战略的推动下，各种新的农业和旅游形态迅速涌现，如特色农业、生态农业、休闲观光农业、旅居康养业等。攀西民族地区也探索出一些独特的发展路径，如特色农业发展路径、生态农业发展路径、休闲观光农业发展路径、旅居康养业发展路径、特色文化产业发展路径、特色农业品牌发展路径。

　　本书的第二章到第七章构成了本书关于攀西民族地区乡村振兴特色发展路径的核心内容，它们相互联系，逐步将理论分析与具体产业路径结合，形成了完整的攀西民族地区乡村振兴特色发展路径研究框架。第二章"特色农业发展路径的理论分析"为后续章节提供了理论基础，探讨了比较优势、要素禀赋、特色经济与路径依赖等理论，为特色农业发展提供了不同的视角和分析框架。第三章"攀西民族地区乡村振兴生态农业发展路径"紧接其后，将理论应用于生态农业的发展，分析了该地区发展生态农业的优势与挑战，提出了适合攀西民族地区的生态农业模式。第四章"攀西民族地区乡村振兴休闲观光农业发展路径"则在生态农业的基础上进一步扩展，探讨了休闲观光农业如何结合自然景观和文化资源，推动乡村振兴。第五章"攀西民族地区乡村振兴旅居康养业发展路径"进一步拓展产业领域，强调了旅居康养业在利用当地自然资源、促进健康产业和旅游业融合方面的潜力。第六章"攀西民族地区乡村振兴特色文化产业发展路径"从文化产业角度入手，分析了如何通过特色文化推动乡村振兴，提升地方经济与文化吸引力。第七章"攀西民族地区特色农业品牌发展路径"着重探讨了如何通过品牌化提升特色农业的市场竞争力，进一步推动地区经济发展。

特色农业发展路径是攀西民族地区乡村振兴的重要方向。攀西民族地区一直在探索如何将传统的"种植—生产—销售"模式转变为"新业态—新销售渠道—新市场"模式，依托优势自然资源和民族文化资源，发展特色农业、旅居康养业和特色文化产业，以提升产品附加值和市场竞争力，进一步推动其农产品和地方品牌发展。

生态农业发展路径在攀西民族地区有着重要的地位。攀西民族地区生态环境优美，山川壮丽，水草茵茵。为了保护这些独特的生态资源，攀西民族地区开始大力发展生态农业，采用生态农业技术保护农业土壤，提高土壤肥力，保护水源、水质、水草，改善生态环境，为攀西民族地区的农业和旅游业发展带来了新的机遇。

休闲观光农业发展路径是攀西民族地区乡村振兴的路径之一。攀西民族地区风景优美，民族文化底蕴深厚。在此背景下，休闲观光农业开始得到迅速发展。整合农业资源和旅游资源，打造具有地方特色和文化内涵的旅游产品，可以使攀西民族地区的旅游产业具有竞争优势。

旅居康养业发展路径是攀西民族地区新一轮乡村振兴的又一个重

要方向。攀西民族地区着力发展旅居康养业，通过开发康养旅游、美丽乡村旅游、地域文化旅游等产品，为城市居民提供丰富的旅游度假选择，让他们亲近自然，感受乡村文化，从而促进城乡融合发展。

特色文化产业发展路径也是攀西民族地区乡村振兴的路径之一。攀西民族地区是一个多民族交融的地区，因此其文化底蕴深厚。在此背景下，该地区的文化产业也得以迅速崛起，其中的特色民俗、地方文化等成为攀西民族地区文化产业的发展重点。

特色农业品牌发展路径是攀西民族地区推动乡村振兴和旅游业发展的重要手段。在这个方面，攀西民族地区正在加强地方品牌建设，打造更具特色的农业和旅游产品，从而使其农业和旅游业在市场上更具竞争力和影响力。

总之，攀西民族地区乡村振兴面临着重要的历史机遇，特别是在特色农业、生态农业、休闲观光农业、旅居康养业等领域，有着巨大的发展空间。随着攀西民族地区乡村振兴的不断深入，我们有理由相信，攀西民族地区将会成为乡村振兴的典范，也会成为四川乃至中国乡村振兴和乡村旅游发展的重要标杆。

著者

2024 年 3 月

# 目录

# 第一章 攀西民族地区乡村振兴走特色发展路径的必要性、优势和策略

　　进入新时代，我国经济实力明显增强，我国也迈向了新的发展征程。党的十九大报告指出，我国社会主要矛盾转化为人民日益增长的美好生活需要和不平衡不充分的发展之间的矛盾。我国东西部、城乡之间的差距仍然存在，农业基础薄弱、农村发展落后的状况仍未得到完全改善，区域发展差距依然存在，推动经济社会协调发展的任务依然艰巨。

　　与此同时，随着工业化、信息化、城镇化不断深入发展以及全球气候变化的加剧，一些地区的生态环境恶化，自然灾害频发，资源环境约束也日趋严峻，这些挑战也呈现在我们面前。因此，走出一条具有中国特色的农业现代化道路，统筹城乡发展，解决农业、农村和农民的问题，是实现乡村振兴的重要任务。

　　随着乡村振兴战略的实施，农业现代化进程正在加速。然而，我们也要正视发展不平衡所带来的问题，特别是东西部、城乡之间的差距问题。针对这些问题，我们需要采取更为积极的政策措施，加强农

业基础设施建设，提高农业生产效率，促进农村产业结构的优化升级，从而实现农村经济的全面发展。

攀西民族地区位于四川省西南部的横断山区，包括攀枝花市和凉山彝族自治州，总面积达到 6.36 万平方千米。这一地区是我国最大的彝族聚居区，同时也是全国少数民族最为集中的地区之一。

在经济地位上，攀西民族地区扮演着重要的角色，不仅是西南地区的大型冶金和水电生产基地，还是国家重要的能源化工生产基地。这一地区的丰富资源储备和便利的地理位置使其成为国家级的战略性重要区域。

攀西民族地区还具有得天独厚的旅游资源。其壮美的自然风光、丰富的民族文化和独特的民俗风情吸引了大量游客前来观光旅游，是当地经济发展的重要推动力。

虽然攀西民族地区拥有丰富的资源，但也面临着一系列的挑战和问题。其中，经济发展滞后是当前攀西民族地区面临的困境之一。因此，加强对攀西民族地区的经济支持和政策扶持，促进其经济社会的全面发展，是当前的重要任务之一。

攀西民族地区在实施乡村振兴战略的过程中，探索了一条充分发挥其得天独厚的自然条件优势、具有鲜明地方特色的乡村振兴之路。攀西民族地区拥有丰富的自然资源，地形复杂，地貌多样，农牧业在经济中占据较大比重，特色农业资源尤为丰富，这些特点在推动农业产业化发展的过程中得以体现。

攀西民族地区特殊的地理环境和丰富的自然资源，使得农业呈现出"三次产业融合发展"的特点。这种发展模式不仅能够有效解决农民就业问题，还能增加农民收入。攀西民族地区的特殊区位条件和资源优势决定了乡村振兴不能简单照搬传统经济发展模式，也不能盲目效仿其他地区的做法。相反，攀西民族地区应该根据自身条件，走一条特色发展路径，发挥特色经济的效益。在这一过程中，产业的创新升级和提质增效至关重要。

通过构建完整的生态产业链体系，攀西民族地区不断推动产业结构的优化升级，从而促进经济增长并做好生态环境保护。因此，攀西民族地区需要制定符合本地区特色的政策措施，促进特色产业的发展，推动整个地区经济社会的全面进步。

## 第一节　攀西民族地区乡村振兴走特色发展路径的必要性

攀西民族地区乡村振兴走特色发展路径的必要性在于其具有独特的地理、人文和资源优势。攀西民族地区需要通过挖掘本地区的特色产业、传统文化和生态资源，实现乡村振兴与经济发展的有机结合。

### 一、资源环境特征与特色发展路径的契合性

攀西民族地区地理环境多样，资源丰富，生态环境独特，拥有险峻的山脉、丰富的水资源和多样的气候条件。攀西民族地区自然资源涵盖了丰富的矿产、珍稀植物和野生动物，同时还拥有悠久的历史文化。

攀西民族地区需要在充分利用资源的同时保护生态环境，促进民族文化的传承。一方面，攀西民族地区应制定符合地方实际的发展政策，以资源开发和文化传承为主线，推动经济社会持续健康发展；另一方面，攀西民族地区应加强生态环境保护意识，通过发展生态旅游业等方式，实现经济增长和生态环境保护的良性互动。

（一）攀西民族地区地理特征

攀西民族地区位于四川省西南部，其地理特征多样而丰富，对当

地经济、社会和文化发展有着重要影响。

### 1. 地形地貌

攀西民族地区有众多险峻的山脉，包括横断山脉、喜马拉雅山脉等。这些山脉纵横交错，地势起伏，形成了壮观的地貌景观。山地地形给当地的资源开发和交通运输带来了一定的挑战，但也孕育了独特的生态环境和丰富的自然资源。

### 2. 气候条件

攀西民族地区主要呈现季风气候特征，冬季干冷，夏季湿热，昼夜温差大。此外，受到地形的影响，不同海拔地区的气候条件差异明显。攀西民族地区雨水充沛，但分布不均，有的地区降雨丰沛，有的地区则相对干旱。这种气候条件既为当地的农业生产提供了水源，也为生态环境的保护提供了一定的保障。

### 3. 地理位置

攀西民族地区地处中国西南，地理位置独特。虽然攀西民族地区地势险峻，但这一地势条件也使得该地区具有重要的战略地位。同时，由于地形复杂，攀西民族地区对外交通相对不便。但近年来，随着基础设施的不断完善，攀西民族地区对外交通的便利程度也在逐步提升。

攀西民族地区的地理特征包括多样的地形地貌、季风气候条件以及特殊的地理位置，这些特征对当地的资源利用、生态环境和经济发展都有着重要的影响。

### （二）攀西民族地区资源特征

攀西民族地区以其丰富的资源为支撑，包括自然、文化和生态资源，这些资源的特征与地区的发展密切相关。

### 1. 自然资源

（1）矿产资源。攀西民族地区地质构造复杂，蕴藏着丰富的矿产资源，如锡、铜、锌、钼等。这些矿产资源为当地的工业发展提供了重要的支撑。

（2）水资源。攀西民族地区地处高山地带，多条河流纵横交错，形成了丰富的水资源。这些水资源不仅为农业灌溉提供了保障，也为水电能源的开发提供了广阔空间。

（3）森林资源。攀西民族地区拥有广袤的森林资源，涵盖了丰富的植被类型。这些森林资源不仅是重要的生态屏障，还是木材、药材等重要经济资源的宝库。

2. 文化资源

（1）民族文化。攀西民族地区是多民族聚居区，拥有丰富多彩的民族文化，包括独特的语言、服饰、习俗等。这些民族文化资源为当地旅游业的发展提供了独特的资源支撑。

（2）历史遗迹。攀西民族地区历史悠久，留存着众多历史遗迹，如古城、寺庙等。这些历史遗迹见证了地区的历史变迁，也成为文化旅游业的资源。

3. 生态资源

（1）特有植物。攀西民族地区地形复杂，气候多样，孕育了众多特有植物，其中不乏珍稀植物资源。这些特有植物不仅具有重要的生态意义，还是中药材的重要来源。

（2）野生动物。攀西民族地区的生态环境保护相对较好，为多种野生动物提供了良好的生存条件，如熊猫、金丝猴等。这些野生动物资源是生态旅游业的重要吸引力和支撑点。

综上所述，攀西民族地区拥有丰富的自然、文化和生态资源，这些资源的合理开发与利用将有助于促进地区经济社会的可持续发展，并推动民族地区的繁荣与进步。

（三）攀西民族地区环境特征

攀西民族地区的环境特征多样且丰富，包括生态环境、水资源环境和气候环境等方面，这些特征对地区的生态保护和农业发展至关重要。

1. 生态环境

（1）植被覆盖情况。攀西民族地区地形复杂，植被类型多样，植被覆盖率较高。森林、草地、湿地等不同类型的地貌形成了丰富的生态系统，对地区的生态平衡和生物多样性保护起着重要作用。

（2）土壤肥力。攀西民族地区的土壤肥力因地而异，受地形、气候等因素影响较大。一些地区的土壤肥力较高，适宜农业生产和植被生长，但也存在部分土壤贫瘠、易水土流失的情况，需要加强土壤保护和改良。

2. 水资源环境

（1）河流水质。攀西民族地区多条河流纵横交错，但部分河流水质受到污染，这些污染主要来自工业排放、农药使用和城市生活污水等。保护水资源环境是攀西民族地区生态环境保护的重要任务之一。

（2）水资源分布。水资源在攀西民族地区分布不均，西部地区水资源相对匮乏，东部地区水资源较为丰富。因此，科学合理利用水资源、加强水资源调配，对地区的农业生产和生态保护至关重要。

3. 气候环境

攀西民族地区受到全球气候变化的影响，气温升高、降水变化等现象日益显现。气候变化对当地的生态环境和农业生产造成了一定的影响。因此，加强气候监测、科学应对气候变化，对维护地区生态安全和农业稳定具有重要意义。

综上所述，攀西民族地区的环境特征多样且丰富，包括生态环境、水资源环境和气候环境等多个方面。保护好攀西民族地区的环境、促进生态平衡和可持续发展，是该地区实现长期发展目标的重要任务。

（四）特色发展契合性

攀西民族地区的特色发展契合性体现在资源开发利用与地方文化传承的结合、生态环境保护与经济发展的平衡以及政策扶持与地方实际的结合度三个方面。

1. 资源开发利用与地方文化传承的结合

在资源开发利用过程中，攀西民族地区必须充分考虑地方文化的保护与传承。例如，在矿产开发过程中，攀西民族地区应该保护当地的历史遗迹和文化景观；在旅游业开发中，攀西民族地区应该注重挖掘和展示当地的民族文化和传统习俗，使游客不仅能够享受自然风光，还能够感受地方特色文化的魅力。

2. 生态环境保护与经济发展的平衡

发展经济不能以牺牲生态环境为代价，攀西民族地区必须坚持生态优先、绿色发展的理念。在制定发展规划和政策时，攀西民族地区应该将生态环境保护作为首要任务，通过生态旅游、生态农业等方式，实现经济发展与生态环境保护的良性互动。攀西民族地区只有保护好生态环境，才能够保障地区经济长远可持续发展。

3. 政策扶持与地方实际的结合度

支持地方发展需要结合地方的实际情况，攀西民族地区应制定符合当地特点的政策措施。政府扶持政策应该根据攀西民族地区的资源禀赋、生态环境状况和民族文化特色而制定，促进当地产业发展、民族文化传承和生态环境保护。同时，在政策实施过程中，地方政府、企业和民众也需要密切合作，充分发挥各方的作用，确保政策的有效实施和地方发展的可持续性。

攀西民族地区的特色发展契合性体现在资源开发利用与地方文化传承的结合、生态环境保护与经济发展的平衡以及政策扶持与地方实际的结合度三个方面。只有在这些方面取得良好的契合性，该地区的发展才能够实现经济繁荣、生态和谐、文化繁荣的目标。

**二、乡村振兴战略扶持政策导向与特色发展路径的契合性**

乡村振兴是当前中国农村经济社会发展的重要战略，旨在实现城乡区域发展的均衡与协调。在这一背景下，乡村振兴政策导向与特色发展路径的契合性成为关注焦点。

乡村振兴的总要求是"产业兴旺、生态宜居、乡风文明、治理有效、生活富裕"。而特色发展路径则强调因地制宜、因村施策，注重挖掘和发展乡村的独特资源和优势产业，实现可持续发展。这两者的契合性体现在多个方面。

首先，政策目标与地方实际的契合性。乡村振兴战略倡导因地制宜，充分尊重和发挥地方的资源禀赋和特色产业的优势，而地方实际情况决定了特色发展路径的选择。因此，政策目标与地方实际需求的契合性对于乡村振兴的有效推进至关重要。其次，政策措施与特色发展路径的契合性。乡村振兴战略需要与特色发展路径相互配合，具体的政策措施应当与地方特色产业和文化传承相契合，以促进当地经济的繁荣和人民生活水平的提高。最后，政策执行与实际效果的契合性。在政策的执行过程中，政策方向需要及时调整，确保政策的实施效果与地方实际情况相契合，以实现乡村振兴的长远目标。

乡村振兴战略扶持政策导向与特色发展路径的契合性是乡村振兴战略成功实施的关键所在。只有在政策导向与特色发展路径相互契合的基础上，乡村振兴才能够有效推动，从而实现乡村经济社会的全面发展。

（一）乡村振兴战略扶持政策导向

乡村振兴战略的总要求是"产业兴旺、生态宜居、乡风文明、治理有效、生活富裕"，旨在实现乡村经济社会全面发展；通过支持特色产业发展、加强生态环境保护、培育良好乡风文明、完善治理体系、改善居民生活水平等措施，促进城乡区域协调发展，推动乡村振兴迈上新的台阶。

1. 政策背景

长期以来，中国城乡发展不平衡不充分的问题一直存在。城市现代化程度和经济发展水平远远高于农村地区，城乡居民之间的差距日益显著。随着城市化和工业化进程的加快，农村劳动力逐渐向城市转移，农业生产面临着结构调整和转型升级的挑战，传统农业发展模式已难以适应现代化要求。农村生态环境面临着严峻的挑战，农业生产和工业发展对生态环境的破坏日益加剧，亟待采取措施改善农村生态环境。乡村振兴战略的实施有利于促进城乡协调发展，缩小城乡差距，实现城乡统筹发展，构建现代化的城乡关系。乡村振兴战略的实施有助于推动农村产业结构调整和生态环境保护，促进农村生态环境的改善，实现经济发展和生态环境保护的双赢。乡村振兴战略的实施将激发农村发展的内生动力，促进农村经济社会的全面发展，为农民增收致富提供有力支撑。

乡村振兴战略旨在促进城乡协调发展，保护农村生态环境，增强农村发展动力。乡村振兴战略的实施意义重大，影响深远，是当前中国经济社会发展的重要任务之一。

2. 政策目标

（1）产业兴旺。实现农业现代化和农村产业结构调整，提高农村经济发展质量和效益。加强农业科技创新，推动农业生产方式转变，培育壮大特色农业产业，发展现代农业经营主体，促进农民增收致富。

（2）生态宜居。实现农村生态环境持续改善，建设宜居美丽乡村。推动农村生态保护与修复工作，加强农田水利建设，推进农村垃圾治理和污水处理，建设美丽乡村示范点，提升农村人居环境。

（3）乡风文明。培育和践行社会主义核心价值观，倡导文明健康的生活方式。弘扬社会主义核心价值观，加强文明农村创建，倡导绿色低碳生活方式，促进农村文化繁荣。

（4）治理有效。构建良好的农村基层治理体系，提高农村治理能力和水平。加强农村基层组织建设，推进农村社会治理体系和治理能力现代化，完善农村社会管理和服务体系。

（5）生活富裕。提高农民收入水平和生活品质。推进农村社会保障体系建设，扩大农村公共服务供给，促进农村居民增收致富。

乡村振兴战略的这些目标和方针政策相辅相成、相互支撑。产业兴旺、生态宜居、乡风文明、治理有效、生活富裕等方面的政策措施，将有力促进农村经济社会全面发展，推动城乡区域协调发展。

（二）特色发展路径

特色发展路径是指根据乡村振兴战略，结合各地区的资源禀赋和发展需求，探索符合当地实际的发展方向和模式。在实施乡村振兴战略的过程中，特色发展路径体现了因地制宜、因村施策的原则，注重挖掘和发展乡村的独特优势和特色产业。

1. 地方资源优势

乡村地区的资源禀赋是乡村振兴的重要基础之一，包括丰富的自然资源和人文资源。对乡村地区资源禀赋进行分析，可以更好地发挥其特色优势，制定符合地方实际的发展策略和政策措施。

（1）自然资源。①土地资源。乡村地区拥有丰富的土地资源，包括耕地、林地、草地等。这些土地资源为农业生产、生态建设、旅游开发等提供了重要支撑。②水资源。部分乡村地区拥有丰富的水资源，如河流、湖泊、水库等。这些水资源为农业灌溉、生活用水和水产养殖等提供了保障，也为乡村生态环境的改善提供了条件。③矿产资源。某些乡村地区拥有丰富的矿产资源，如煤矿、石材矿等。合理地开发和利用这些矿产资源可以促进当地经济的发展，增加居民收入。④气候资源。乡村地区的气候条件各异，一些地区的气候适宜农业发展，一些地区的气候适宜旅游业发展。充分利用气候资源，可以推动乡村产业结构的优化和升级。

（2）人文资源。①历史文化遗产。乡村地区拥有丰富的历史文化遗产，如古村落、古建筑、传统工艺等。这些历史文化遗产不仅是乡村发展的重要资源，也是中华优秀传统文化的重要载体。②民俗风情。乡村地区保留着丰富多彩的民俗风情，如传统节日、民间艺术、风俗习惯等。这些民俗风情是乡村文化的重要组成部分，也是吸引游客、促进旅游业发展的重要资源。③人才资源。乡村地区虽然人口相对较少，但也拥有一定的人才资源。一方面是土生土长的乡村人才，他们具有丰富的农业生产经验和乡土文化传承能力；另一方面是返乡创业的人才，他们带来了新的思维和理念，推动了乡村产业的创新发展。

乡村地区的资源禀赋包括丰富的自然资源和人文资源，这些资源为乡村振兴提供了重要支撑。充分发挥地方资源优势，可以推动乡村经济社会全面发展，实现农村现代化和繁荣富裕的目标。

2. 产业发展方向

乡村振兴的核心是产业振兴，因此确定乡村特色产业的发展方向至关重要。深入探讨农业、乡村旅游、特色手工业等方面的发展方向，可以更好地引领乡村产业结构优化和升级，实现乡村经济的可持续发展。

攀西民族地区的产业发展方向如下：

（1）农业发展方向。鼓励发展绿色有机农业，推广无公害农产品生产，提高产品品质和附加值，满足消费者对健康、安全食品的需求。根据当地气候和土壤条件，发展适宜的特色种植业，如茶叶、水果、中药材等，打造地方特色农产品品牌，提高市场竞争力。加强农业科技创新，推广先进农业技术和设施，提高农业生产效率和质量，实现农业现代化和可持续发展。

（2）乡村旅游发展方向。利用乡村丰富的自然资源和优美的环境，发展生态旅游，打造绿色休闲度假目的地，吸引城市居民和外来游客。挖掘乡村悠久的历史文化和民俗风情，开展文化旅游活动，增加乡村旅游的文化内涵。推动农家乐和农庄旅游发展，开展农业体验活动，让游客体验农村生活的乐趣和情趣。

（3）特色手工业发展方向。挖掘和保护乡村传统手工艺，如陶瓷、织锦、木雕等，推动传统手工艺的创新，提升产品质量和艺术价值。根据地方文化和资源特点，发展具有地方特色的手工艺品，打造独具一格的地方特色品牌，拓展市场销售渠道。引导乡村青年参与创意设计和手工艺品开发，培育创意设计人才和企业，推动乡村手工艺产业的现代化和国际化。

农业、乡村旅游、特色手工业等领域都具有巨大的发展潜力，可以成为乡村振兴的重要支撑。因此，政府应加大对这些产业的支持力度，制定相关政策措施，引导和促进乡村产业结构优化升级，推动乡村经济的转型升级和可持续发展。

3. 乡村文化传承与创新

乡村文化传承与创新是乡村振兴的重要内容，既要弘扬优秀传统文化，又要推动文化创新，以激发乡村文化活力，提升乡村形象。

攀西民族地区的乡村文化传承与创新包括以下四个方面的内容：

（1）民俗文化传承。保护和传承乡村传统节庆活动，如春节、元宵节、中秋节等，举办民俗表演、游园会等活动，激发村民的文化认同感和归属感。传承乡村民间艺术，如赛龙舟、舞狮、民间音乐等，组织艺术团队演出，丰富村民的精神文化生活。

（2）非物质文化遗产传承。保护和传承乡村传统手工艺，如剪纸、刺绣、铁艺等，开展技艺传承培训，挖掘和培育一批传统工艺人才。传承乡村民间技艺，如糖画、面塑、竹编、手工艺术品等，开展技艺比赛和展示活动，激发乡村群众的技艺传承热情。

（3）文化创新。结合乡村文化资源，推动文化创意产业发展，如乡村文化衍生品设计、文化旅游产品开发等，带动乡村经济增长。组织丰富多彩的文化活动，如书画展览、文艺演出、文化讲座等，吸引更多人参与其中，丰富乡村文化生活。

（4）教育传承。加强乡村学校的文化教育，开设传统文化课程，组织文化活动，提升学生的文化素养。利用社区资源开展文化教育活动，如文化讲座、艺术培训等，提升居民的文化素质和艺术修养。

乡村文化传承与创新，可以增强乡村凝聚力和向心力，促进乡村文明进步和乡村振兴。政府应加大对乡村文化传承与创新的支持力度，制定相关政策措施，引导和推动乡村文化传承与创新工作的开展，实现乡村文化的保护与发展的良性循环。

（三）契合性分析

1. 政策目标与地方实际的契合性

乡村振兴战略扶持政策的制定旨在推动乡村经济社会全面发展，以期实现农村现代化。然而，不同地区的资源禀赋、产业结构和文化传统各异，因此，分析乡村振兴政策目标与地方实际的契合程度，对于有效实施政策、实现可持续发展至关重要。

（1）资源禀赋与政策目标契合性。资源丰富的地区可通过发展绿色有机农业等方式，提高土地资源利用效率。水资源丰富的地区可通过发展农村生态旅游、水产养殖等方式，充分利用水资源，推动乡村经济发展，与生态宜居目标相契合。拥有丰富文化遗产的地区可通过传承和发展非物质文化遗产、开展文化旅游等方式，挖掘文化资源潜力，促进文化传承与创新，与乡村文化振兴目标相契合。

（2）产业结构与政策目标契合性。针对资源禀赋和市场需求，政府要科学确定产业发展方向，推动特色产业发展，与产业振兴相契合；鼓励不同产业间的融合发展，推动农业与旅游、文化等产业融合，打造产业新生态，与产业结构优化升级目标相契合。

（3）文化传承与政策目标契合性。政府要重视传统文化的传承与保护，通过文化教育、文化活动等方式，激发村民文化自信，与乡风文明建设目标相契合；鼓励乡村文化创新，推动文化产业发展，培育新型文化业态，与文化产业兴旺目标相契合。

分析乡村振兴政策目标与地方实际的契合程度，有助于更科学地制定具体实施方案，充分发挥各地资源优势，做好乡村振兴工作。政府应加强政策落实监督，推动各项政策举措与地方实际相结合。

2. 政策措施与特色发展路径的契合性

政策措施与乡村特色发展路径的契合性是评估乡村振兴政策实施效果的重要指标之一。对政策的针对性、可操作性、协调性等方面进行评估，可以更好地发挥政策的引导作用。

（1）政策针对性，即政策措施针对乡村特色产业的发展需求进行了明确的支持和引导。例如，针对不同地区的资源优势和产业基础，制定了相应的产业扶持政策，以促进特色产业的发展壮大。政策措施要考虑到乡村文化传承与创新的实际需求，有针对性地支持和保护乡村传统文化和非物质文化遗产并促进文化创新发展。

（2）政策可操作性，即政策措施具有足够的财政支持，有明确的资金来源和使用渠道，以保障政策的有效实施。例如，建立专项资金支持乡村产业发展和文化传承创新等项目。

（3）政策协调性，即政策措施充分考虑到各部门之间的协同配合，建立政策协调机制，以确保政策的统一执行和协调推进。政策措施与地方政府的发展规划和政策保持一致，充分考虑到地方实际情况和发展需求，以确保政策的贯彻落实和乡村振兴工作的顺利进行。

对政策措施与乡村特色发展路径的契合性进行评估，可以更全面地了解政策的实施情况和效果，发现存在的问题和不足，及时调整和完善政策措施，进一步提升乡村振兴政策的实施效果。同时，政府部门和相关机构应加强政策的监督和评估工作，及时总结经验，推广成功经验，不断完善政策体系，促进乡村振兴工作取得更加显著的成效。

3. 政策执行与实际效果的契合性

政策执行与实际效果的契合性是评估乡村振兴政策实施成效的重要指标之一。分析政策执行过程中的实际效果，特别是与特色发展路径的契合程度，可以全面评估政策的有效性和可持续性，进一步优化政策措施，推动乡村振兴工作取得更好的成效。

（1）经济增长效果。政府要评估政策执行后特色产业的发展情况，包括产业规模扩大、产值增加、就业机会增加等方面的表现，如特色农产品销售额是否增长、乡村旅游收入是否提升等；分析政策执行后产业结构的优化情况：是否实现了由传统产业向现代产业、绿色产业转型升级，是否有效提升了乡村经济的竞争力和可持续发展能力。

（2）生态改善效果。政府要评估政策执行后生态环境的改善情况，包括空气质量、水质情况、土壤污染等方面的变化，如是否减少了化肥农药的使用量，是否增加了生态保护地的面积等；分析政策执行后生态治理的成效，包括植被覆盖率提升、生态系统稳定性增强、生物多样性保护等方面的表现。

（3）民生改善效果。政府要评估政策执行后居民收入的增长情况，特别是农民收入的增长是否与特色产业发展相匹配，是否有效提高了农村居民的生活水平；分析政策执行后基础设施建设的改善情况，包括交通、水利、能源、通信等基础设施建设水平是否提升，是否有利于改善农村居民的生活条件。

政策执行与实际效果的契合性是政策实施的关键环节，政府部门和相关机构需要充分关注和重视。在政策执行过程中，政府应及时跟踪监测政策实施效果，保障政策的顺利实施和乡村振兴工作的持续推进。同时，政府应加强对政策执行效果的评估和总结，及时总结经验，推广成功做法，为乡村振兴提供更科学、更有效的政策支持和保障。

## 第二节　攀西民族地区乡村振兴走特色发展路径的优势

攀西民族地区光热资源充足，有着独特的农业资源。虽然攀西民族地区整体农业水平相对较低，市场区位条件不甚理想，但其在发展特色农业方面却具备良好的基础。攀西民族地区作为中国西南资源"金三角"区域的重要组成部分，不仅是四川省适宜种植南亚热带作物的地区之一，也以其明显的农业立体带状分布特征成为资源优势区的典范。

如今，攀西民族地区的现代特色农业已处于全国和四川省的领先地位。在政府的大力扶持下，这里建成了全国现代农业示范区、国家出口芒果品质安全示范区、国家立体农业示范点等一系列示范基地，被誉为"中国特色农产品优势区"。在过去的几十年里，攀西民族地区农业开发经历了从落后到先进的华丽蜕变，成为四川省及西部地区农业开发的明星之一。

这里的气候条件复杂多样，垂直立体气候差异明显，凭借着从南亚热带到北温带的多种气候类型，为农作物的生长提供了丰富的选择。充足的水资源也为农业生产提供了保障，然而，降雨时间的不均衡分布也是攀西民族地区需要应对的挑战之一。尽管如此，随着交通运输条件的不断改善，包括国道108线和成昆铁路在内的交通网络纵贯全境，攀西民族地区的农产品也得以迅速运输到市场。

20世纪80年代初以来，攀西民族地区的农业开发就已经启动，通过米易立体农业试点等逐步推进，获得了国家级农业开发的重点扶持。长期以来，这里一直是国家有关部门和农业界人士关注的焦点地区。在国家政策的扶持下，攀西民族地区农业从不能自给自足的状态发展为四川省及西部地区农业发展的重要支柱之一。

因此，攀西民族地区在乡村振兴中，走特色发展路径的优势不言而喻。攀西民族地区独特的资源条件和产品品质，以及具备的生产传统和产业基础，将成为推动其经济发展的强劲动力。

## 一、特色农产品的引进与培育工作全面稳步推进

攀西民族地区特色农产品的引进与培育工作已经全面稳步推进了30多年。通过不断引进新品种和培育当地优良品种等手段，攀西民族地区在试验示范方面取得了显著成果，使得适合各类气候特点的作物基本确立了栽培模式，并确定了特色农业的主导产品。

20世纪80年代，攀西民族地区的河谷地区就开始了早熟蔬菜的培育，逐渐形成了菜→稻→蔗的种植模式。同时，该地区海拔1 200~1 500米的地区引进了国际优良芒果，并通过筛选确立了晚熟芒果为主的品种方向。攀西民族地区在海拔1 500米左右地区，积极种植早熟枇杷，取代了过去的桃、李等品种，表现出优质、高产、高效的特征。除此之外，攀西民族地区还因地制宜地发展了早熟脐橙、酿酒葡萄、花卉等特色农产品。

攀西民族地区特色农产品的培育工作不断推进。特色水果方面，扩大了当地优质特色水果——会理石榴的栽培范围，并积极引进了台湾优质水果品种——莲雾等，展现出良好的适生性和市场价格优势。其他特色农产品如优质蚕桑、反季节蔬菜、无公害荞麦等也在攀西民

族地区得到了快速发展。

攀西民族地区特色农产品的引进与培育，使得现代特色农业的供给能力不断增强。通过实施科技兴农战略，攀西民族地区培育壮大了现代农业经营主体，加快推进了新型职业农民队伍建设，提高了土地产出率、资源利用率和劳动生产率。例如，在早春蔬菜方面，攀西民族地区建立了安宁河流域最大的早春喜温蔬菜基地，种植面积达到1 428万亩，产值超过15亿元。特色水果方面，种植面积达到66万亩，其中芒果种植面积达到51万亩，攀西民族地区已成为中国特色农产品（芒果）优势区和全国芒果主产区之一。

攀西民族地区农业的品质优势是显而易见的。其产品稀有、质量上乘、上市错季、效益突出等特点，使得攀枝花芒果等产品在溶解固形物和含糖量方面比其他地区的同类产品更为出色。攀西民族地区特色农产品的成熟时间也与其他地区形成了鲜明对比，如冬枇杷可提前2至5个月投放市场。

攀西民族地区成功创建了"攀枝花芒果""德昌枇杷""雷波脐橙"和"盐源苹果"四个区域公用品牌，以及15个区域品牌、290个企业品牌、12个四川省著名商标和22个市著名商标，初步形成影响力较大的农产品产业集群发展格局。攀西民族地区的农产品在市场上的份额逐年增加，品牌效益日益显现。其中，攀枝花芒果作为典型代表，已获得农产品地理标志和绿色食品称号，以及欧洲良好农业规范（GAP）认证、名特优新特色农产品区域公用品牌、四川省著名商标等荣誉证书。2016年，其区域公用品牌市值评估达到了32.72亿元，被评为"2017年全国百强农产品区域公用品牌"。

在市场拓展方面，攀西民族地区通过"农超对接"和"直供直销"营销模式，在成都、北京、上海等地创建了攀枝花特色农产品直销店。同时，通过全面开展"网络+农业"活动，攀西民族地区特色农产品电商数量已达 270 多家，线上线下交易额超过 50 亿元。在国际市场上，攀西民族地区建立了我国第一个芒果出口质量安全示范区，并成功推动攀枝花芒果出口到俄罗斯、新加坡、韩国等国家。

在创新发展模式方面，攀西民族地区遵循"产区变景区，田园变公园，产品变商品，农舍变旅舍"的发展路线，促进了三次产业融合发展；通过不断创建和升级特色产业基地、成功举办国际芒果采摘节、加快推进休闲旅游示范区建设、修建农业主题公园等举措，推动了当地农业的转型升级；深入挖掘本土特色名点，树立了"米易味道""盐边大笮风"等特色餐饮品牌，并培育壮大了一批以马铃薯种植为主导的现代农业园区，推出了 40 多种中高档特色农产品，为地方经济发展注入了新动力。

## 二、特色产业覆盖面不断扩大

特色产业的覆盖面不断扩大，成为农民增收的重要途径之一。近年来，攀西民族地区在农产品品种选择方面取得了突破性进展，市场不断扩大，特色农产品的种植面积和产量逐年增加。尤其是随着农业结构战略性调整加速推进，蔬菜、水果等特色农产品种植比例迅速增加，发展速度明显加快。目前，优质稻种植面积超过 85 万亩，优质桑园超过 120 万亩，甘蔗面积维持在 16 万亩左右，南亚热带水果发展尤为迅速，其中芒果、枇杷、石榴、脐橙等种植面积均有显著增加。

然而，种植业结构战略性调整的加速进行，农村劳动力向第三产业的转移，农资价格的不断攀升，以及农户绿色食品消费意识不强等问题，使得当地农业生产效益不高，农民增收更加困难。因此，怎样让这些优势特色产业早日成为农民增收的动力，是当前亟待解决的问题。

### 三、特色农产品基地初具规模

攀西民族地区特色农产品基地经历了蓬勃的发展，这一成就源于品种选择方面的重大突破。市场的不断扩大推动了特色农产品的种植面积和产量持续增长，这为当地农民增收致富提供了新的机遇。尤其值得一提的是，随着农业结构调整的步伐加快，特色农产品的种植比例也在迅速提升，这种变化不仅加速了当地农业的发展，还成为农民增收的主要途径。

特色农产品基地的形成是以产业带为依托的。近年来，多个规模不一、各具特色的生产基地相继崛起。这些基地不仅促进了当地农业的发展，还提升了区域经济的整体竞争力。农业结构调整的加速推进，使得种植业逐渐朝着区域化布局和专业化生产方向迈进，从而进一步提高了特色农产品的品质和产量。

举例来说，仁和、米易等地成为国内晚熟芒果生产的佼佼者，其产品质量一直位居国内领先地位。而会理、仁和等地则以其独特的地理环境和气候条件成为石榴种植的理想之地。盐边、米易则以其独特的早熟枇杷生产而闻名，这些地区的枇杷产品不仅产量高，而且质量上乘。西昌、德昌等地则以其优质稻米而著称，这些地区的稻米因为土壤和气候的优越条件而品质上乘，深受市场青睐。

同时，在农业结构调整的推动下，一些地区还崭露头角，成为特定农产品的重要产区。例如，米易、西昌等地成为早市蔬菜的主要供应地，而宁南、盐边等地则以其优质的苹果和蚕桑资源而闻名。金阳、木里、普格三县则以其苦荞和马铃薯等农产品的种植而著称。此外，在西昌地区，其高品质鲜花和高档盆花的生产也颇具盛名。

综上所述，攀西民族地区特色农产品基地初具规模标志着当地农业发展进入了一个新的阶段。随着农业结构调整的不断深化，相信这些特色农产品基地将会在未来发挥越来越重要的作用，为当地农民增收致富、实现乡村振兴贡献更大的力量。

## 四、特色农业产业化经营有长足发展

特色农业产业化经营在攀西民族地区呈现出蓬勃发展的趋势。其中，龙头企业的兴起成为推动这一进程的重要动力。这些企业不仅在当地农民增收和地方经济建设方面取得显著进展，也引领了相关产业的迅速发展。通过产业化经营，产品质量得到提升，加工环节实现了附加值的增长，并成功拓展了国内外销售市场。在这一过程中，龙头企业的作用至关重要，它们不仅推动了当地农村经济的蓬勃发展，还促进了产业结构的调整、优化升级以及区域经济的一体化进程。攀西民族地区已经孕育了众多农业产业化龙头企业。这些企业主要涉及种植业、食品加工业、纺织业、物流业以及其他众多领域的知名企业。它们的发展依托于科技进步和管理创新，并形成了一系列具有地方特色的优势企业，例如凉山州的豪吉鸡精集团、攀枝花的大祥集团等。随着经济社会的不断发展，攀西民族地区还涌现出大量的农业经济合作组织，这些是农民自发组建起来的涉农企业，为产业化经营做出了巨大贡献。攀西民族地区拥有蔬菜协会、芒果协会、蚕桑协会、花卉协会等120余个专业合作组织，连接着千万家农户。此外，攀西民族地区还有一批从事农副产品加工的龙头企业，它们通过建立生产基地或产品加工厂，对农副产品进行深加工，为当地农民增收找到了新路径，助力广大农民走上特色农业发展之路。

## 五、特色农产品的市场前景广阔

特色农产品展现出广阔的市场前景。攀西民族地区经济起步较晚，但却拥有一系列后发优势。其中，依托得天独厚的地理条件，大力发展特色农业产业成为最为根本的措施之一。考虑到人们对食品品质、安全和卫生的日益提高的要求，攀西民族地区正在积极开发无公害食品、绿色食品以及有机食品等，这些产品具有得天独厚的优势。近年来，攀西民族地区通过实施科技兴菜战略，积极推广无公害蔬菜生产技术，使得该地区的无公害蔬菜栽培面积逐年扩大。截至2023年年底，攀西民族地区无公害农产品栽培技术已发展到90多个品种，13个产品获得国家绿色标志使用权，有21个基地获得省级无公害农产品认证。实施标准化生产技术，使得一批产品质量优良的蔬菜品种脱颖而出，被广大消费者接受，也成为攀西民族地区农民增收致富的主要途径之一。

截至2023年年底，攀西民族地区拥有8个国家名优农产品基地，5个县级获得省级优质农产品基地县荣誉称号，31个农产品荣获西部农业博览会优质农产品称号。攀西民族地区通过实施名牌战略和科技兴农战略，使得一大批名牌产品脱颖而出，形成了一批名牌农产品。这些产品在四川省内及西部地区均有突出表现，带动了相关配套产业的发展。

在攀西民族地区，特色农产品的市场前景非常广阔。近年来，人们对食品质量和安全的关注不断增加，因此其对无公害、绿色和有机食品的需求也在不断增加。攀西民族地区的无公害蔬菜生产技术日臻完善，产品种类丰富，质量上乘，受到了消费者的欢迎。同时，通过品牌建设和科技创新，攀西民族地区的特色农产品逐渐形成了一定的市场竞争力，为地方经济的发展注入了新的活力。未来，随着农产品加工技术的进步和市场营销工作的推进，攀西民族地区的特色农业必将迎来更加广阔的发展前景。

# 第三节　攀西民族地区乡村振兴走特色发展路径的策略

为了充分发挥攀西民族地区乡村振兴走特色发展路径的优势，需要采取一系列有针对性的策略和措施，以确保乡村振兴事业的健康发展。这些策略和措施应当涵盖多个方面，包括但不限于产业发展、技术支持、品牌建设、政策扶持以及文化传承等。

## 一、优化攀西民族地区农业产业结构

优化农业产业结构是推动攀西民族地区乡村振兴的关键举措之一。攀西民族地区地理位置优越，自然资源丰富，文化底蕴深厚，因而有望通过发展特色农业产业来优化产业结构。

### （一）大力发展有机农业

大力发展有机农业是一项具有前瞻性的战略。有机农业以生态环境保护为导向，减少对化学农药和化肥的使用，致力于生产绿色、健康食品。在当今社会，人们对食品安全和健康问题的关注日益增加，因此有机农业的发展势在必行。攀西民族地区的自然环境条件优越，气候适宜，土壤肥沃，为发展有机农业提供了理想的条件。为了推动有机农业的发展，攀西民族地区需要组织农民参加有机认证培训，内容包括有机农业基本概念、种植技术、管理方法等。通过培训，农民能够了解有机农业的原理和要求，掌握种植技术和管理方法，提升有机农业生产水平。推广有机种植技术至关重要。有机种植技术综合利用自然资源、生物资源和农业科技，减少化学农药和化肥的使用，从而减轻农业生产对环境的负面影响，有助于生态环境保护。攀西民族地区可以引进先进的有机种植技术，如有机肥料的制作和施用、有机农药的使用、土壤改良等，帮助农民科学、合理地开展有机农业。同时，政府应制定支持政策，如财政补贴、优惠信贷政策、建立有机农产品销售渠道等，激发农民发展有机农业的积极性。加强有机农产品的宣传推广、提高消费者对有机农产品的认知度和接受度也至关重要。攀西民族地区可以通过举办展销会、开展宣传活动、制作宣传资料等方式向社会大众普及有机农业知识，增强大众对有机农产品的信任。

大力发展有机农业对促进攀西民族地区农业可持续发展、保护生态环境、提高农产品品质和农民收入水平具有重要意义。组织农民参加有机认证培训、推广有机种植技术、制定支持政策以及加强宣传推广工作等举措，可以为攀西民族地区有机农业的发展奠定坚实基础，推动当地农业实现绿色、健康、可持续发展。

优化产业结构不仅涉及发展特色农业产业，还包括以农业为基础发展乡村旅游和康养养生产业。这种多元化的产业结构不仅能提高经济效益，还能促进当地经济社会的全面发展。

（二）充分利用资源优势，发展特色种植业

攀西民族地区发展特色种植业是一项至关重要的任务。作为中国西南资源"金三角"区域的重要组成部分，该地区拥有独特的资源优势和丰富的特色农业资源。在政府支持和企业的努力下，攀西民族地区的特色农业已经取得了显著成就，为当地经济的发展和农民增收做出了重要贡献。

第一，通过引进和培育特色农产品，攀西民族地区取得了显著成效。该地区逐步确定了适合各类气候区的特色农产品，如早熟蔬菜、晚熟芒果、早熟枇杷、优质蚕桑等。这些特色农产品已形成了稳定的种植模式和完整的产业链，品质也得到了显著提升。

第二，攀西民族地区不断扩大特色农业产业覆盖面。近年来，特色农产品的种植面积和产量持续增加，得益于良种推广和科技支持。以优质稻、甘蔗、芒果、枇杷、石榴、脐橙等特色农产品为例，它们的种植面积和产量逐年攀升，为当地农业的发展注入了新的活力。

第三，攀西民族地区建设了一批特色农产品基地。这些基地布局合理，为特色农产品的生产提供了保障。例如，晚熟芒果基地、优质石榴基地、早熟枇杷基地等，它们不仅在种植技术上得到了不断优化和提升，还在品种选择和管理上进行了精心规划，为特色农产品的高质量产出提供了可靠的支持。

第四，攀西民族地区依托一批龙头企业，推动特色农业产业化经营。攀西民族地区涌现出许多规模较大的农业产业化龙头企业，涉及种植业、食品加工、纺织业、物流等多个领域。这些企业通过技术改造、设备更新、品牌打造等措施，不断提升农产品的市场竞争力，推动了攀西民族地区特色农业产业的健康发展，助力当地农村经济的蓬勃发展。

第五，攀西民族地区积极开拓特色农产品市场。该地区的特色农产品在无公害食品、绿色食品和有机食品等方面拥有独特的优势。攀西民族地区的特色农产品在市场上受到了消费者的青睐。这些产品的市场开拓不仅提高了当地特色农产品的知名度和竞争力，还推动了农产品加工、物流等相关配套产业的进一步发展。

攀西民族地区在充分利用资源优势、发展特色种植业方面取得了显著成效。未来，该地区可以进一步加强科技支撑，提高农业生产效率和质量，加大市场开拓力度，促进特色农产品的品牌建设和国际交流合作，实现农业产业的可持续发展。

（三）利用独特的自然资源，发展特色畜牧业

利用攀西民族地区独特的自然资源，发展特色畜牧业是实现区域经济可持续发展的关键举措。攀西民族地区位于四川省西南部，地理

位置优越，拥有丰富的资源，包括充裕的森林资源和草场资源，为发展畜牧业提供了得天独厚的条件。

第一，攀西民族地区山地起伏，草场资源丰富。同时，攀西民族地区草场类型多样，牧草种类繁多，为畜牧业提供了丰富的饲草资源。

第二，攀西民族地区气候独特，光热资源丰沛。由于地形多变，攀西民族地区的气候分布呈现多样化特点，从南部河谷到高山地区，气温、光照、降水等因素变化显著。这种气候条件对畜牧业的发展非常有利，为草场生长提供了充足的水热资源，促进了草场的生长和畜牧业的发展。

第三，攀西民族地区的畜牧业发展历史悠久。自古以来，当地人民就以游牧和半游牧生活为主，畜牧业在该地区具有重要地位。这为今后进一步发展畜牧业提供了丰富的经验和社会基础。

第四，攀西民族地区处于低海拔的宽谷、盆地和低山地带，光热资源丰沛，水源条件优越，土质肥沃，适宜发展以生猪养殖为主的畜牧业。近年来，随着政策放宽和科技进步，该地区已经进行人工种草养畜，引进优质牧草，实施粮草轮作，从而促进了畜牧业的发展。

然而，攀西民族地区的特色畜牧业发展也面临一些问题。首先，科技水平相对落后，生产水平低下，管理模式粗放，导致草场超载过牧，生产力降低。其次，缺乏特色畜牧业商品基地的统一规划建设，导致产销脱节，畜产品难以形成商品。最后，交通不畅和防疫体系建设滞后，也限制了畜牧业的发展。

攀西民族地区作为特色畜牧业的重要基地，拥有得天独厚的自然资源和悠久的历史积淀。攀西民族地区可以通过科技创新、政策扶持和产业升级，进一步发挥资源优势，推动畜牧业的健康发展，为当地经济的繁荣和农民增收做出更大的贡献。

## 二、发展以农业为基础的乡村旅游和康养产业

攀西民族地区以其壮美的自然景观和浓郁的民族风情而闻名。在这片土地上发展以农业为基础的乡村旅游和康养产业有着巨大的潜力和优势。攀西民族地区可以通过充分挖掘地区的自然资源和人文资源，打造独具特色的旅游和康养项目，吸引游客前来体验，促进农民增收，推动地区经济的发展。

首先，发展旅游产业。攀西民族地区的自然景观优美，山清水秀，适宜开展乡村旅游。攀西民族地区可以开发各类具有民族特色的旅游项目，如民宿、农家乐、采摘园等。游客可以在这里体验当地的传统生活方式，品尝地道的农家美食，感受浓郁的民族风情。攀西民族地区还可以举办民族文化表演、手工艺品展销等活动，让游客更加深入地了解当地的文化传统。

其次，发展旅居康养业。攀西民族地区可以建设温泉度假村、康养养生基地等，为城市居民提供健康养生服务。攀西民族地区地下资源丰富，拥有许多天然温泉，可以利用这些温泉资源建设温泉度假村，为游客提供休闲放松的场所。同时，攀西民族地区还可以开展康养服务活动，如中医药理疗、健康体检等，让游客在享受自然风光的同时，进行身心健康的调理和修复。

最后，加强基础设施建设。攀西民族地区需要改善交通条件，修建道路、停车场等，方便游客前来游玩；完善住宿、餐饮、购物等服务设施，提升游客的旅游体验和满意度；加强环境卫生管理，保障游客的健康和安全；开展宣传推广工作，提升攀西民族地区乡村旅游和康养产业的知名度和影响力；通过互联网平台、旅游展会、地方文化节庆等途径，向社会大众宣传攀西民族地区独特的自然景观和丰富的民族文化，吸引更多游客前来体验。

发展以农业为基础的乡村旅游和康养产业对于推动攀西民族地区经济社会的全面发展具有重要意义。攀西民族地区可以通过开发各种具有地方特色的旅游和康养项目，吸引游客前来体验，促进农民增收，从而实现经济效益和社会效益的双赢，为地区经济的持续繁荣注入新的活力。

### 三、加强民族品牌建设和营销推广

推动攀西民族地区农产品品牌发展的过程中，必须加强民族品牌建设和营销推广工作。攀西民族地区可以通过建立地方农产品品牌和认证体系，提升产品的知名度和市场竞争力；积极开展线上线下的营销推广活动，拓展销售渠道，扩大产品的影响力和市场份额。

建立地方农产品品牌和认证体系是提升产品竞争力的重要举措。品牌认证为消费者提供了产品质量和安全的保证，从而为产品树立良好的形象和信誉。攀西民族地区可以依托当地的自然资源和文化特色，打造具有民族特色的农产品品牌，如"攀西绿源""山水风情"等，让消费者信任和选择攀西民族地区的农产品；积极开展线上线下的营销推广活动，以提升产品的市场影响力和知名度；利用互联网平台，建立电商平台和官方网站，推广攀西民族地区的农产品品牌和特色，增加产品的曝光度和销售量；参加各类农产品展销会、农业产业博览会等活动，展示产品的优质特性，吸引更多的消费者关注和购买。拓展销售渠道也是推动产品销售的重要手段。除了传统的销售渠道，如农贸市场、超市、专卖店等，攀西民族地区还可以积极拓展新的销售渠道，将产品推向更广泛的消费群体；可以与餐饮企业、旅游景区等建立合作关系，促进产品的销售和推广，实现销售与消费的双赢；通过举办产品体验活动、开展农产品知识讲座等方式，向消费者传递产品的品质和价值，引导他们积极选择和购买攀西民族地区的农产品；加强对产品的宣传推介，利用媒体、社交平台等渠道，向消费者展示产品的优势和特色，提高产品的市场认知度和美誉度。

民族品牌建设和营销推广，可以提升攀西民族地区农产品的市场竞争力和知名度，促进农产品的销售和推广，实现农业产业的转型升级和经济效益的提升；能够推动当地农民增收致富，促进地区经济的持续健康发展。

### 四、推动文化产业的发展

除了注重传承和保护当地的民族文化和历史传统外，攀西民族地区还应着力推动文化产业的发展，将民族文化转化为可经济化、可商业化的产品或服务，以促进地区经济的增长和文化的繁荣。

在打造具有地方特色的文化产品方面，攀西民族地区应该充分挖掘和展示攀西民族地区丰富的文化遗产，利用当地的传统手工艺、民族服饰、传统乐器等资源，开发出更多具有地域特色和民族特点的文化艺术品。这些产品不仅承载着民族文化的精髓和传统，还通过传统工艺的传承和创新，赋予这些艺术品新的生命和价值，传统手工艺如编织、刺绣、木雕等技艺得以代代相传。攀西民族地区可以结合现代设计理念和市场需求，开发出别具一格、富含地域特色的手工艺品，例如手工编织的地毯、刺绣的服饰配饰、木雕的工艺品等，以展现攀西民族地区独特的文化魅力。此外，民族服饰和传统乐器也是攀西民族地区民族文化的重要组成部分。攀西民族地区可以利用当地的纺织工艺和染色技术，设计和制作具有民族特色的服饰，同时开发各具特色的传统乐器，如竹笛、马头琴等，以丰富文化艺术品的品类，满足不同消费群体的需求。除了开发文化艺术品，攀西民族地区可以建设民族文化体验馆、民俗文化村等，为游客提供深入了解当地民族文化的机会。这些场所可以展示当地的传统工艺技艺、民族服饰、传统乐器等，通过展览、讲解等形式，为游客提供了解民族文化的途径，从而增强游客的文化认同感和归属感。

发展民族文化创意产业，需要与设计师、艺术家等进行紧密合作，将民族文化元素融入产品设计和创意活动中。设计师可以借鉴当地的民族传统、历史文化和自然景观，将这些元素融入产品设计中，创造出更具独特魅力的文化创意产品。

积极开展文化旅游和文化演艺活动也是吸引游客和观众的重要手段。攀西民族地区可以举办民族文化节、传统表演、文化展览等活动，向游客展示攀西民族地区的民族风情和文化底蕴。这些活动，不仅可以让游客领略到当地独特的文化魅力，还能够加深人们对于当地历史和传统的了解，从而增强人们对民族文化的认同感和归属感。

在加强文化产业培训和人才引进方面，攀西民族地区应该积极组织开展文化产业培训班、文化创意大赛等活动，以培养和选拔一批具有创新能力和市场竞争力的人才队伍，为文化产业的发展提供强有力的人才支撑。同时，攀西民族地区还可以加强与高校、研究机构的合作，建立产学研结合的平台，共同培养文化产业人才，推动了文化产业的蓬勃发展。

发展文化产业，对于促进地区经济的增长和文化的繁荣具有重要意义。攀西民族地区通过挖掘和开发民族文化资源、发展民族文化创意产业、开展文化旅游和文化演艺活动等措施，推动文化产业的发展，为攀西民族地区的可持续发展注入了新的活力。

## 五、政策扶持和资金支持

为了推动攀西民族地区乡村振兴事业的发展，政府应当加大对该地区的政策扶持和资金支持力度，以优化产业发展环境，提升农业生产的保障水平，鼓励社会资本积极参与乡村产业的发展，实现政府、市场和社会的良性互动。

　　首先，政府应该制定更加优惠的政策措施，以全方位支持攀西民族地区的乡村振兴。这些政策措施包括税收、财政、土地和产业扶持等方面的政策，旨在降低企业和农户的生产成本。通过实施税收减免政策，政府可以减轻乡村产业的税收负担，鼓励农村企业和农户增加投资，扩大生产规模，促进乡村经济的发展。同时，政府可以提供财政补贴，为攀西民族地区的乡村振兴项目提供资金支持，用于农业科技推广、农村基础设施建设和乡村旅游开发等，帮助乡村产业实现转型升级。另外，政府可以通过土地优惠政策，为乡村产业发展提供稳定的土地资源保障，例如优先供应土地、降低土地出让价格、延长土地使用权期限等。此外，政府还可以设立产业扶持资金，专门用于支持攀西民族地区的特色产业发展，为乡村产业提供全方位的支持和保障。

　　其次，政府应当加大对乡村产业发展的资金投入力度，确保资金到位、项目落地。政府可以通过设立专项资金、引导金融机构增加信贷支持等方式，支持攀西民族地区的特色产业发展，如有机农业、高山茶叶、中药材种植和文化创意产业等。政府可以设立专项资金，用于支持攀西民族地区的特色产业发展，包括农业科技推广、基础设施建设和产业扶持等方面。同时，政府可以引导金融机构增加对乡村产业的信贷支持，通过政府担保、贴息贷款和信用贷款等方式，降低乡村产业融资的成本和风险，为乡村产业的发展提供更加充足的资金支持。

　　再次，为了提升促进攀西民族地区乡村产业的发展，政府需要加强基础设施建设，特别是交通、水利和信息技术基础设施。政府可以加强乡村交通基础设施建设，提高农产品的物流运输效率。同时，政府应加强农村水利基础设施建设，改善农田灌溉条件，提高农产品的质量。此外，政府还应加强信息技术基础设施建设，推动乡村电商和电子支付等新型业态的发展，促进农产品销售和流通。

最后，政府还应当积极引导和鼓励社会资本参与乡村产业的发展。政府可以通过设立产业扶持基金、发展合作社和引进优质农业企业等方式，吸引社会资本投入到攀西民族地区的乡村产业中，推动乡村经济的蓬勃发展。政府可以为这些企业提供税收优惠、土地优惠和项目补贴等政策支持，创造良好的投资环境，从而吸引更多的农业企业来到攀西民族地区投资创业。

综上所述，政府应当通过政策扶持和资金支持，加大对攀西民族地区乡村振兴事业的支持力度，促进乡村产业的发展，推动乡村经济的持续健康发展。

# 第二章 特色农业发展路径的理论分析

进入新时代，消费市场对农产品的需求发生了转变，人们追求更多样化、更高品质的农产品。同时，农民也更渴望提升经营效益。根据比较优势理论、要素禀赋理论和特色经济理论可知，特色农业发展路径是我国经济欠发达地区调控农业生产、提升农业效益、增加农民收入、实现乡村振兴的有效途径之一。

## 第一节 比较优势理论与特色农业发展路径

比较优势理论强调不同地区或个体在生产商品或服务时存在的相对优势，从而推动贸易合作和经济发展。在特色农业路径选择方面，比较优势理论可根据资源、技术和市场需求指导农村地区通过发挥各地特色资源和技术优势，促进农村经济增长，从而推动乡村振兴。

### 一、关于比较优势理论

比较优势理论作为经济学领域的重要理论之一，是大卫·李嘉图在 1817 年的《政治经济学及赋税原理》中首次提出的。虽然大卫·李嘉图未对比较优势进行精确定义，但这一理论在后来的国际经济学教科书中得到了广泛阐述。保罗·克鲁格曼在其著作《国际经济学》中对比较优势进行了较为权威和代表性的阐述，将其定义为"如果一个国家在本国生产一种产品的机会成本（用其他产品来衡量）低于在其他国家生产该种产品的机会成本，则这个国家在生产该种产品上就拥有比较优势"。

比较优势理论的核心概念在于，各国在生产某种产品时存在着机会成本的差异，这种差异为各国之间的互利性贸易提供了可能性。因此，如果每个国家都专注于出口其具有比较优势的商品，那么国际贸易将能够实现双赢局面，促进全球经济的增长与发展。比较优势理论的实质在于强调资源配置的有效性和贸易的互惠性。通过国际贸易，各国可以根据自身的优势资源进行生产，从而实现资源的最优化利用，提高生产效率和质量。这种生产上的重组不仅能够促进世界经济规模的扩大，同时也能够为各国带来更多的经济利益。

然而，值得注意的是，比较优势理论并非可以简单地套用于所有情况。虽然理论上存在互利性的贸易可能，但实际上贸易往往受到多种因素的影响，包括政治、法律、文化等方面的因素。因此，在实践中，我们需要综合考虑各种因素，以确保贸易的顺利进行和各方的利益最大化。

大卫·李嘉图对亚当·斯密的绝对优势理论的发展有着重要贡献。绝对优势理论是经典自由贸易理论的奠基之作，由亚当·斯密创立。该理论将一国内部不同职业、不同工种之间的分工原则推演到各国之间的分工，形成国际分工理论。然而，绝对优势理论存在一个潜在问题：只有在所有产品生产上都拥有成本优势的国家才能从贸易中受益，而其他国家则被排除在贸易之外，只能自给自足。这一问题引发了大卫·李嘉图的思考。

大卫·李嘉图提出了比较优势理论，这是对绝对优势理论的修正。他认为，决定国际贸易流向及利益分配的不是绝对成本的低廉，而是相对成本的低廉。因此，一个国家并不需要在某种产品的生产上拥有绝对优势才能参与贸易，只要具有相对成本优势即可。在比较优势理论下，两个国家可以专业化生产和出口其具有比较优势的商品，同时进口其处于比较劣势的商品，实现互惠互利。从静态角度看，大卫·李嘉图的比较优势理论是对绝对优势理论的发展。

然而，该理论未能充分解释各国成本产生差异的原因。在此基础上，美国经济学家巴拉萨在要素禀赋理论的基础上提出了比较优势阶梯论。他认为，各国的进出口商品结构和比较优势会随着生产要素的状况而发生改变。在这种阶梯式发展格局中，发达国家和新兴工业化国家将发展各自的新兴产业，并将失去优势的产业转移给较低发展阶段的国家。

攀西民族地区农业的优势并非固定不变，如果不加以把握，将会失去。值得注意的是，虽然比较优势和竞争优势的概念非常相近，但它们之间存在微妙差别。波特教授认为，竞争优势主要取决于国家的生产率和可利用的单位物质资源。这种生产率的差异在世界市场竞争中得以体现，并与各国的竞争环境密切相关。

## 二、比较优势理论对区域农产品的影响因素分析

比较优势理论对区域农产品的影响是多方面的。区域农产品的比较优势主要取决于其在市场上的价格竞争力，而价格优势又直接源自成本优势。新贸易理论提供了深入理解区域农产品价格低廉且具有比较优势的原因的途径。规模经济、技术创新、产品差异、运输成本和区位等因素都会对区域农产品的比较优势产生影响。规模经济效益、

技术创新、需求多样性和消费偏好等方面的因素，都可以解释为区域农产品比较优势的来源。因此，区域农产品在全球市场上的竞争力往往与这些因素密切相关，促使区域农业在实践中不断调整产业结构、提升生产效率并加强市场开拓。

（一）比较优势对区域农产品的影响：单因素分析及其价值评估

比较优势理论作为解释国际和区域贸易分工的理论基础，在经济学界被视为国际贸易理论的经典之作，并长期占据着理论的核心地位，其稳固性一直未曾动摇。对于研究特色农业现代化建设问题，比较优势理论具有特殊的重要意义，因为它提供了判断区域农产品比较优势的标准。区域农产品的比较优势是通过对农产品市场价格（或成本）进行衡量的，即价格（或成本）较低的农产品具有比较优势，在市场上具有竞争力；而价格（或成本）较高的农产品则缺乏比较优势，也就不具备市场竞争力。

进一步分析可以发现，区域农产品的比较优势主要取决于其在市场上的价格。然而，实际上，市场价格优势的根本是成本优势，因为成本的高低直接决定了价格的高低。换言之，在其他条件相同的情况下，成本较低的农产品，其价格也相对较低；反之，成本较高的农产品，其价格也相对较高。

（二）区域农产品的比较优势：新贸易理论视角及因素分析

新贸易理论为我们提供了深入理解区域农产品价格（或成本）低廉且具有比较优势的原因的一种途径。

第一，规模经济学说。规模经济学说从内部经济和外部经济两方面解释了生产规模扩大带来的生产效率提高和平均生产成本降低的现象。这说明即使缺乏要素优势，规模经济也会催生成本优势，从而促进贸易的发展。在这种情况下，价格优势主要来自规模经济效益，比较优势可以通过规模化生产来实现。

第二，技术差距理论。除了劳动和资本投入的差异外，还存在着技术投入上的差别。比较优势源自技术的创新和发明。在这里，价格优势主要由技术创新和发明产生，比较优势可以通过技术进步来实现。

第三，产业内贸易理论。产品的差异是产业内贸易的基础，需求结构的多样性和相似性是产业内贸易的动因。比较优势可以通过产品的差异性、国内需求、收入水平和消费偏好来衡量。

第四，运输成本和区位理论。要素和产品存在不充分流动性，空间距离会导致运输成本和其他交易费用的增加。因此，运输成本是衡量区域农产品比较优势的重要因素。

新贸易理论从动态发展的角度解释了区域农产品比较优势产生的原因。因此，生产具有规模效益、技术创新的农产品或引进收入水平高、运输距离短、运费低的区域农产品更具有比较优势。

## 第二节　要素禀赋理论与特色农业发展路径

### 一、要素禀赋理论述评

要素禀赋理论，作为比较优势理论的现代演变形式，其渊源可以追溯至古典经济学时期。在古典经济学时期，重要经济学家包括亚当·斯密、大卫·李嘉图、罗伯特·托伦斯等。亚当·斯密早在其《国民财富的性质和原因的研究》中，就已经明确阐述了比较优势理论的核心思想。然而，大卫·李嘉图在《政治经济学及赋税原理》中采用了更加生动、形象的描述，深刻地影响了后人对比较优势理论的理解。

约翰·穆勒被认为是大卫·李嘉图之后、边际革命之前最重要的贸易理论家之一。他对传统的比较优势理论进行了拓展，并提出了"相互需求"假说，对贸易条件的决定进行了深入研究。

19世纪70年代的边际革命标志着古典经济学向新古典经济学的关键转变，这一革命也给比较优势理论带来了深刻的变革。新古典比较优势理论在思想上仍然延续着古典时期大卫·李嘉图模型的基本概念，即强调技术差异对国际贸易的重要性。然而，其"新"之处主要表现在分析工具和方法的创新上。

在这一时期，阿尔弗雷德·马歇尔更系统地阐述了约翰·穆勒提出的相互需求模型，并运用"提供曲线"来进一步说明该模型。随后，马歇尔和埃奇沃思运用这些工具研究了贸易均衡的稳定性问题，以及贸易均衡如何随着科技进步或贸易税收而变化。然而，他们并没有对比较优势的本质提出超越大卫·李嘉图的理解。同时，帕累托和巴隆也在这一时期为比较优势理论的发展做出了贡献。这些努力最终成为要素禀赋理论的一部分。例如，马歇尔和埃奇沃思的"提供曲线"经过米德等学者的发展，至今仍是贸易均衡分析中广泛使用的工具之一。

20世纪，新古典贸易理论迈入了新的发展阶段，赫克歇尔、哈伯勒和俄林等学者的贡献至关重要。他们将瓦尔拉斯的一般均衡分析方法引入国际贸易理论，为要素禀赋理论的发展奠定了基础。

赫克歇尔在1919年提出了要素价格均等化命题，并首次探讨了国家间的要素禀赋差异对比较优势和国际贸易的影响，标志着要素禀赋理论的开端。而哈伯勒则在1933年放宽了大卫·李嘉图模型中的成本不变的假设，从机会成本角度重新审视了比较优势，这一举措对模型化要素禀赋理论具有重要意义。俄林在继承了赫克歇尔的思想后，进一步发展了理论体系。

赫克歇尔和俄林的理论将比较优势解释为国家间要素禀赋的差

异，与传统的大卫·李嘉图模型相比，存在重大差异。他们的理论在科技水平和消费者偏好相同的情况下证明，在自由贸易条件下，各国倾向于出口那些由本国相对丰裕要素所生产的产品。

在里昂惕夫、勒拉、萨缪尔森等学者的进一步模型化工作下，要素禀赋理论成为比较优势理论的现代形式，成为新古典学派一般均衡理论的分支。虽然受到批评，但要素禀赋理论在贸易理论中的主流地位依然稳固。

## 二、要素禀赋理论的基本框架

要素禀赋理论的基本框架由两个核心概念和四个基本定理构成，旨在解释国际贸易模式和贸易政策的制定。

### （一）要素禀赋理论的核心概念：要素丰裕度与要素密集度

首先，要素丰裕度指的是国家拥有的各种生产要素之间的相对丰裕关系。根据资本和劳动的相对比例，我们可将国家划分为资本相对丰裕的国家和劳动相对丰裕的国家两类。要素丰裕度的关键在于相对性，需要与贸易伙伴国进行比较。其次，要素密集度指的是产品生产过程中不同投入要素之间的比率，可以用资本劳动比率来衡量。要素密集度也是相对性的概念，需要与其他产品进行比较才能确定。

基本定理包括赫克歇尔-俄林定理、要素价格均等化定理、斯托尔帕-萨缪尔森定理以及雷布津斯基定理。这些定理构成了要素禀赋理论的理论体系，为我们理解国际贸易模式和贸易政策的制定提供了重要的理论基础。

要素密集度和要素丰裕度是相对概念，需要根据国家或产品的相对情况进行比较。在生产技术允许劳动和资本相互替代的情况下，要素投入比例会受到要素相对价格变化的影响，从而影响产品的要素密集度。因此，要素禀赋理论为我们提供了分析国际贸易的有力工具，可以帮助我们理解贸易模式背后的经济原理。

因此，要素禀赋理论设定：如果在相同的要素价格下，一种产品的生产过程中资本比大于另一种产品，那么称该产品为资本密集型产品，而另一种产品则是劳动密集型产品。

### （二）四个基本定理

#### 1. 赫克歇尔-俄林定理

赫克歇尔-俄林定理以其物质形式和价格形式而闻名。物质形式表明，在自由贸易条件下，如果两国具有相似的科技水平和需求，且没有要素密集度逆转，那么各国将出口相对使用本国丰裕要素生产的产品，而进口相对使用本国稀缺要素生产的产品。价格形式则表明，如果两国的科技水平和需求相似，且没有要素密集度逆转，那么各国将生产相对便宜的产品，使其相对价格较低。赫克歇尔-俄林定理预示着贸易带来的福利改善，并试图阐明要素禀赋与贸易模式之间的关系以及贸易的利益。

#### 2. 要素价格均等化定理

要素价格均等化定理说明了贸易与收入分配之间的关系。其基本思想是，虽然生产要素不能跨国流动，但只要允许自由贸易，各国之间相同要素的价格会趋于一致。这意味着商品流动会替代要素跨国流动对要素价格的影响。这个定理延续了大卫·李嘉图关于贸易与国内收入分配内在联系的传统，是现代国际贸易理论的重要组成部分。其规范意义在于，即使没有要素跨国流动，仅通过商品自由贸易也能实现全球范围内的有效生产和资源配置。

#### 3. 斯托尔帕-萨缪尔森定理

斯托尔帕-萨缪尔森定理探讨了商品价格变动对要素价格的影响。该定理指出，某一商品国内相对价格的上升会提高生产该商品所密集使用的生产要素的价格。该定理的一个推论是，关税可能提高一个国家相对稀缺要素的实际收益。斯托尔帕和萨缪尔森于 1941 年合作提出了该定理，其文章成为国际贸易理论研究的经典之作，因为它首次在两要素两商品的一般均衡分析框架中对赫克歇尔和俄林的贸易理论进行了重要拓展。

4. 雷布津斯基定理

雷布津斯基定理指出，如果商品价格保持不变，一种要素存量的增加不仅会导致生产中密集使用该要素的产品在产量中的份额增加，而且会导致该产品的产量绝对增加，另一种产品的产量则绝对减少。这表明要素的变化决定了资源配置的变化，即产业结构的调整。雷布津斯基定理强调了要素禀赋理论具有动态特性的重要性。

### 三、要素禀赋理论与产业竞争力

#### （一）要素禀赋结构与产业结构

要素禀赋结构与产业结构紧密相连。生产要素分为基本要素（初级要素）和高级要素两类。基本要素包括自然资源、气候、地理位置和人口统计特征，而高级要素则需要长期的投资和培育，如通信基础设施、高素质劳动力和科研设施。

要素禀赋结构反映了土地、劳动力和资本的相对丰富程度。资本的积累源自经济中的剩余价值，因此要提高要素禀赋结构，就必须创造更多的剩余价值。根据国家当前的比较优势进行生产，可以使整个经济在国内市场和国际市场上具有竞争力，获得更大的市场份额和剩余价值。

要素禀赋对产业结构的影响可分为直接作用和间接作用两个方面。在经济发展初期，直接作用起主导作用；随着经济的发展，间接作用逐渐成为主导。根据技术选择假说，技术是内生于区域要素禀赋结构的，因此要素禀赋结构决定了区域分工与贸易结构，影响着产业结构的演进。

区域的要素禀赋结构决定了其产业技术水平和可选择的技术方向，进而影响了产业技术结构的演变。技术变迁决定了产业结构的转化效率，影响着各个产业之间的技术经济联系。因此，要素禀赋结构通过产业技术结构间接影响产业结构的演进。

（二）要素禀赋对产业竞争力的影响：从要素驱动到创新驱动的转变

根据波特的理论，一个国家在经历持续经济增长的过程中，会经历生产要素驱动、投资驱动和创新驱动等阶段，这些阶段的收入水平和国际竞争优势的性质不同，也影响着其在全球价值链中的地位和影响力。这种竞争优势的不同主要取决于其所依赖的要素条件的差异。同时，不同的产业区段或价值链环节具有不同的要素特征，例如，研发环节和营销环节更需要高级生产要素。

根据竞争优势理论，处于要素驱动阶段的国家仅拥有初级要素所带来的"资源优势"，如土地、自然资源、非熟练劳动力等，因此只能参与到附加值较低的装配和初级产品提供环节；处于创新驱动阶段的国家则利用其拥有的高级要素所带来的"创新优势"，占据了附加值较高的研发和营销环节，并在价值链中具有控制权；处于投资驱动阶段的国家则利用"效率优势"。

需要注意的是，这三种竞争优势存在明显的级差而非连续关系，即"资源优势<效率优势<创新优势"。这是因为处于要素驱动阶段的国家拥有的是初级要素条件而缺乏高级要素条件，这种稀缺是质的差异，表现为有或无的状态；而处于创新驱动阶段的国家不仅拥有高级要素条件还拥有初级要素条件，只是初级要素条件相对其高级要素条件而言缺乏比较优势，这种稀缺是量的差异，表现为多或少的状态。一般而言，效率优势与资源优势的级差要小一些，而创新优势与效率优势的级差要大一些。这种竞争优势的级差性一方面说明了一个国家

从初级经济发展阶段迈向高级发展阶段是非常困难的；另一方面说明了处于创新驱动阶段的国家通过对高级要素的独占性建立起了高的进入壁垒，从而使得研发环节和营销环节具有较高的附加值。

根据 Kogut 的研究，要素租金是决定产业国家竞争力的主要来源，而国家的要素禀赋差异则决定了全球价值链中的劳动分工和合作。因此，要素禀赋条件是决定产业竞争力的重要因素之一。

一般来说，要素禀赋差异会从规模经济和创新平台两个方面对某一国家或地区的产业竞争能力产生重要影响。丰裕的初级生产要素会形成规模经济带来的成本优势，而高级生产要素则会形成创新带来的成本、技术、质量和差异化方面的竞争优势。

然而，高级生产要素具有公共产品的特性，例如，其技术创新具有外部性的溢出效应，因此，需要政府等外部力量改善要素禀赋状况，从而影响产业竞争力。

资金、技术、人才、信息和原材料等是企业和产业发展的基本要素。传统的国际贸易理论认为，各国之间的贸易源于各国资源条件的差异，各国或地区应该利用自身的资源优势，在国际贸易中获取更多利益。

过去，由于国际经济相对封闭，各种政策限制使得这些要素几乎是由各个国家或地区单独控制的，国际流动性很差，企业和产业很难在全球范围内配置其所需的优质资源。因此，一个国家或地区要提高其产业竞争力，只能依靠其自身的要素条件。在理论上，比较优势理论强调发挥各自的比较优势，使其企业、产业乃至整个经济具有明显的竞争力。

随着经济全球化的推进，各国对要素流动的限制逐渐减少，尤其是电子信息技术的飞速发展，使得互联网成为资金、技术、人才和信息跨国交流的重要平台，流动速度大大提高，而流动成本则大大降低。

企业应该根据"不同活动的要素特性是不同的"规律，将不同的活动布局到具有相应要素比较优势的国家。例如，劳动密集活动可布置到非熟练工人丰富且劳动力成本不高的国家，而资本密集活动则可布置到资本相对丰裕的国家。

这样的结果是，价值链的范围超越了国家边界，不同国家根据其要素禀赋集聚不同的价值增值活动，建立起弱连接。在生产要素具有高度自由流动性的新环境中，企业和产业为了提高其产业竞争能力，通常通过引进各种生产要素，改变其要素禀赋结构，合理配置和整合各项要素，以此服务于产业竞争力的提升。

### 四、要素禀赋理论：发展、拓展与应用

要素禀赋理论建立在严格的假设前提之上，因此并非对现实世界的精确描述。然而，这并不意味着要素禀赋理论脱离了现实。相反，这一理论的基本框架为研究者提供了良好的"基准"，使其能够观察世界、发现问题。换句话说，这一理论具有开放的体系，通过放宽或修改基本假设，可以得到更接近现实的模型。这些扩展模型也是要素禀赋理论的重要组成部分，它们显著增强了该理论的适应性和对现实问题的解释能力。

这些扩展包括：①HOV 模型及其修正形式，即要素含量版本；②特定要素模型，它是对要素流动性假设的修改结果；③考虑中间产品，这是对直接使用初始要素生产最终产品假设的修正；④考虑非贸易部门，即对商品流动性假设的修正；⑤考虑偏好差异和科技差异，这是对具有相同偏好和科技的假设的扩展；⑥动态模型，对两个基本概念进行动态化；⑦要素禀赋理论与产业内贸易等。

这些研究成果大大丰富了要素禀赋理论。随着研究的深入，要素禀赋理论的研究趋势呈现出以下三个特点：首先，要素禀赋理论研究

范围的扩大，已从国际贸易领域的应用和对国家、地区分工的影响，转向了涵盖国际贸易、产业经济、经济发展、企业组织发展等多个领域。其次，要素禀赋理论的具体问题研究和领域细化，已从传统的定量分析转向实证分析为主，研究方法更为科学完善，研究领域更加细化深入。最后，要素禀赋理论与实践应用研究逐渐上升到发展战略层面，对具体应用领域具有重要的指导作用。

### 五、基于要素禀赋的区域经济发展策略与产业优化

基于要素禀赋的区域经济发展策略包括小企业发展策略、区域协调发展策略与产业结构优化升级策略。

#### （一）基于要素禀赋的小企业发展策略

小企业的发展与劳动密集型产业息息相关。随着企业规模扩大，其资本与劳动之比会逐渐增大，即单位资本所吸纳的劳动力减少。因此，针对要素禀赋，中小企业应采用劳动密集型的发展策略，充分发挥其劳动力丰富的比较优势。同时，政府在创业壁垒和融资环境方面需要采取相应措施，为中小企业的发展提供支持。

#### （二）基于要素禀赋的区域协调发展策略

攀西民族地区经济发展不平衡。相比之下，攀西民族地区中部地区拥有丰富的劳动力资源，但大部分尚处于潜在状态，需要进行有效激活与转化。而西部地区虽然人口稀少，却拥有丰富的自然资源。在比较优势理论的指导下，攀西民族地区应采取渐进式战略，以缩小地区间的差距，实现区域协调发展。

#### （三）基于要素禀赋的产业结构优化升级策略

攀西民族地区产业结构的调整对于地区经济发展至关重要。自改革开放以来，攀西民族地区经济蓬勃发展，产业结构也经历了从第一

产业向第二产业的快速转变，且第二、第三产业在地区经济中的比重也迅速提升。根据当前的要素禀赋条件，政府应推动产业结构的优化升级，制定良好的产业政策，为企业发展提供良好的环境。

## 第三节　特色经济理论与特色农业发展路径

随着经济全球化的深入和区域经济的崛起，特色经济已经成为各地发展经济的重要战略选择。然而，对于"特色经济"这一新概念，经济学理论的专业分析和探讨还相对较少。本书旨在对特色经济进行初步的理论分析，探讨其理论基础、特征以及当前发展所面临的形势和条件，并提出相应的政策建议。

### 一、特色经济的理论基础和特征

特色经济是指一个国家或地区在经济发展过程中，根据本地区的资源要素禀赋、地理位置和产业分工等因素，选择适宜发展的主导产业及其组织结构体系，通过市场竞争获取比较优势，实现规模经济、专业化分工，形成具有一定产业规模和市场容量的特色产品、特色企业和特色产业。特色经济作为一种新的经济发展模式，综合了微观经济学、产业经济学和贸易理论，其理论来源和依据主要有以下几个方面：

（一）要素禀赋与比较优势理论

特色经济的优势首先基于比较优势理论，即各地区要根据自身的自然资源、劳动力、资金、技术等要素禀赋特点，选择适合充分发挥和利用自身比较优势的主导产业。通过市场竞争，企业可以获取正常的预期利润，培育具有自主发展能力的企业，从而构建整个产业的市场竞争力。这样可以避免资源配置扭曲、市场重复建设等现象。我国许多地区，尤其是市县一级，由于计划经济传统和农业经济特点的限制，产业结构呈现"小而全""一般齐"等现象，出现县域经济萎缩、产业发展困难等问题，这也凸显了基于比较优势发展特色经济的重要性和紧迫性。

（二）规模经济和专业化分工收益

现有的产业经济理论和新经济增长理论表明，在自由竞争的市场中存在着外部性，产业发展的相对集聚有利于获取关联效应、知识外溢和"干中学"等递增收益，从而提高交易效率。同时，企业的专业化分工可以带来网络效应，提高生产效率和组织效率，从而使企业获得真正的竞争优势。因此，特色经济的一个重要特征就是从产业集聚和专业化分工中获得的边际递增收益，削弱了交易费用、制度费用等边际成本的影响，形成产业的竞争力。

（三）经济地理学和新经济地理学因素

传统的经济地理学指出，地理位置、自然条件、历史传统等因素导致了工业的集聚化现象。例如，东部沿海城市由于其港口优势逐步成为工业聚集中心。然而，新经济地理学和空间经济学则更加强调规模报酬递增和空间、区位成本之间的相互平衡，这些因素影响了经济活动的集聚化程度、专业化水平以及产业组织结构的演变。因此，经济区位、市场化程度、经济政策制度等经济地理学和新经济地理学因素对于特色经济的形成和发展至关重要。

（四）产品差异化和消费多样性理论

根据微观经济学的消费者偏好理论，即使是同一品质的商品，消费者也能从多样化的消费中获取更多效用。因此，消费的多样性决定了商品需求的多样化，为特色经济需求方面提供了理论基础。发展特色经济不仅可以丰富市场的产品结构，提高消费者的社会福利水平，还可以扩大内需，缓解内外经济失衡。特色经济在企业规模、市场容量、空间范围和组织形态上可能存在很多差异，但其主要特征可以总结如下：

（1）区域性。特色经济在一定空间区域内形成，但这是相对的。

（2）规模集聚性。特色经济产业的相对集聚是规模效应、外部性、关联性和交易费用相互作用的结果。研究结果表明，某个产业的生产规模扩大一倍会导致劳动生产率提高 2%~10%。

（3）差异性和多样性。特色经济受比较优势、经济地理、人口市场规模、经济政策等因素的影响，其发展应表现出地区差异性和模式多样性。

（4）动态性。特色经济的竞争优势、组织形态和发展模式是随着资源要素禀赋、经济地理、市场化程度和制度政策等因素的不断变化而动态变化和演变的。

## 二、发展特色经济面临的经济形势和市场环境

特色经济作为一种新的地方经济发展战略和模式，其发展受到宏观经济形势、市场化进程和经济政策等多方面因素的影响和制约。具体而言，以下三个方面是特色经济发展的主要体现：

### （一）经济全球化和生产要素全球配置

随着经济、金融全球化的不断深入，各种生产要素，包括资金、技术和人才等，正在全球范围内不断调整配置。作为劳动资源密集和二元经济结构明显的攀西民族地区，其第二产业对经济的贡献最大。然而，与此同时，第一产业的贡献却相对较低，这导致了该地区面临严重的产业结构不平衡问题。为实现经济结构转型，资源配置必须积极发挥其作用，从而逐步将该地区打造成我国多个产业的重要基地。

同时，随着对外贸易的不断发展，特别是加工贸易的蓬勃发展，该地区的国际收支顺差逐年增大，但也加剧了贸易摩擦和流动性过剩的问题。因此，特色经济的发展必须立足于国际、国内两个资源和市场，以增强其发展的自生性和可持续性。

（二）工业化、城市化进程和二元经济结构的转型

21 世纪以来，攀西民族地区的工业化和城市化进程进入了新的发展阶段，但仍然存在着城市化不足、工业化程度低等问题。因此，为实现特色经济的发展，需要遵循齐夫定律，按照城市"功能专业化"的方向进行发展。大城市应扩大规模、提高聚集度，成为市场、信息、技术和服务中心；而中小城市则应逐步成为制造业的有效分散基地，提高制造业和非农人口的比例。

（三）国内产业结构调整和经济增长方式转变

在国内，由于市场化和开放进程的差异，东、中、西部地区逐渐形成了不同的产业布局和转移顺序。同时，过去的经济高增长主要依赖于过度的资源投入和投资驱动，导致了"两资一高"产品的投资、生产和出口水平居高不下。为实现持续的动态增长和竞争优势，特色经济发展战略必须顺应产业布局调整、结构优化升级和经济增长方式转变的发展趋势。

### 三、特色经济理论的发展

特色经济理论的发展在区域经济学的框架内具有深远的渊源。区域经济的核心是经济区域，而自然差异和发展交换是形成特色经济的两个关键前提。这是因为，各经济区域间的差异性、社会生产力的发展水平、区域利益以及宏观经济的协调，共同构成了区域分工的基础。这些因素导致了不同区域的投入产出效益不同。在区域利益的推动

下，各区域逐步确立了自身独特的经济特点和特色。这种强化区域优势的过程促进了区域专业化，使不同区域体现出各自的特色，并参与到区域分工中去。在以市场为基础的资源配置方式中，区域经济的发展必然依赖于其独特的比较优势和经济特色。有效的区域资源配置应当是特色经济扩展和互补的过程。区域经济的发展就是要依托区域优势，实现生产要素的合理配置，培育特色产业，从而形成具有地方特色的特色经济，推动区域经济的发展。当前，大多数学者对特色经济的研究主要基于区域经济学的理论框架，如地域分工理论、创新理论、竞争理论、产业经济学理论、梯度理论和区域经济增长理论等。

发展特色经济的基础在于要素禀赋的空间不平衡。所谓要素禀赋的空间不平衡，指的是生产要素（包括自然和非自然要素）在地域空间的分布和地区经济系统演变运动中的差异性。这种差异性导致了不同区域的投入产出效益不同。在区域利益的驱动下，各地区根据自身在自然资源、人力、资本、技术等方面的优势，将生产和经营活动集中在较为突出的领域，从而导致不同经济区域在经济活动方式和内容上的差异。在市场经济条件下，这种差异促使不同地区之间进行商品交换和生产要素流动，形成一种互补与竞争的关系。瑞典经济学家俄林曾指出："市场要素不平衡的分布，除非有相应的地区需求的不平衡加以抵消，否则，这种分布会使市场要素的价格在各地区形成差异，从而促成地区间的分工和贸易。"要素之间的差异性越大，区际劳动分工越明显，则会形成各具特色的区域专业化生产部门；差异性小的地区则往往通过竞争机制，增强自身在某些要素上的优势，提升经济实力，扩展市场，呈现以不同技术或规模经济为基础的分工，由此逐渐确立了各具特色的经济区域和区域经济。

因此，特色经济是在参与区域分工过程中逐渐形成的经济区域的专业化，是地区经济的社会生产化表现。特色经济的形成不仅是为了满足本地区经济发展的需要，也是为了满足国家乃至国际市场的需求。虽然古典经济学家没有使用"特色经济"这一术语，但他们关于区域优势与区际分工的理论对特色经济发展具有一定的指导意义。

### 四、特色经济理论的启示

特色经济理论综合吸收了多种经济理论成分，其发展既是市场机制的作用和选择的结果，也受到发展战略、历史传统和政策制度等因素的影响。因此，为了有效发展特色经济，必须充分发挥市场和政府"两只手"的重要作用。

特色经济的本质在于从地区资源禀赋出发，以特色技术为主导，推动特色产业的发展，从而形成特色产品。在特色产业的发展过程中，产业的专业化整合显得至关重要。这种整合需要打破行业、部门和地区乃至所有制的限制，改变自成体系、门类齐全的地方经济格局，选择并培育能够影响经济大局的支柱产业和知名产品。

因此，要发展特色经济，需要坚持以下原则：

（一）坚持市场化导向原则

特色经济是在现有的自然条件、资源要素和市场环境中形成和发展的，其比较优势、规模经济、专业化分工和消费多样性等都是市场化的产物。因此，必须坚持市场化导向，通过市场化环境和制度机制来引导和发展特色经济，促进各类市场整合和一体化水平的提高，从而实现特色产业的发展。

（二）坚持地区优势和专业化分工相结合的原则

特色经济的发展必须通过获取地区比较优势和规模经济收益，形成科学合理的产品、产业结构体系和企业组织体系，提高产业协作效率和规模化水平，降低交易成本和制度成本。同时，要适应城市化、结构调整和经济地理的发展趋势，使特色经济发展成为产业升级和空间转移的新载体。

（三）坚持动态发展、可持续发展的原则

特色经济的发展受多种因素的影响，其中包括比较优势、规模经济、专业化分工以及经济地理等竞争优势和特色。这些优势会随着国际经济形势、市场环境和政策制度等因素发生动态变化。因此，发展特色经济必须立足于提高劳动生产率和全要素生产率，实现发展的有效性和可持续性。虽然特色经济建立在国际化、市场化和城镇化的基础上，但由于我国目前处于市场经济的转型和过渡阶段，政府的作用不可或缺。因此，为了有效发展特色经济，必须做到以下六点：

第一，政府应提供必要的基础设施和市场服务等公共产品，弥补市场失灵和政府失灵。政府需要逐步打破市场分割和地方保护，积极取消干预资源要素流动和产业发展调整的政策，提高产品、资金、劳动力的市场化程度，为特色经济的发展提供必要的市场制度和作用机制。

第二，要树立区域产业结构优化的思想。这包括从区域实际出发，以市场需求为指导，以技术进步为动力，以充分利用和发挥区域优势为手段，推动产业结构向高度化和合理化的方向发展。同时，非公有制经济在区域产业结构调整中应发挥更重要的作用，因此要在市场准入方面消除对非公有制经济设置的壁垒，利用非公有制的资金、技术、人才优势，优化产业结构。

第三，要逐步理顺资源、劳动力、资金等要素的价格体系，特别是改革资源和土地的价格形成机制，为制造业有效分散、服务业向城市集中提供有利条件，使特色经济的"特色"和"优势"真正建立在市场化价格基础之上，适应产业结构升级调整和空间布局转移。

第四，要逐步调整和改革限制劳动力流动和就业的经济社会政策，包括户籍、就业、养老、医疗、教育培训等各个方面，优化劳动力资源的配置，提高资本对劳动力的匹配效率，减少政府对地方产业发展的政策干预，降低资源错配和制度成本，以促进专业化分工。

第五，充分发挥区域产业结构优势。各地区要充分发挥自身的产业结构优势，通过嫁接国企、重组产业结构等方式，加快产业结构的优化和调整。同时，各地区要充分利用本地区的资源与条件，重点发展具有竞争优势的产业，并与其他地区建立起分工协作关系。

第六，产业结构优化要有利于区域内外联系，促进横向联合与协作，特别是利用发达国家和地区的技术来促进经济技术结构的升级。区域产业结构优化不应搞封闭式结构，而应注重开放性和适度性。

## 第四节　路径依赖下的特色农业发展路径选择：理论基础与探讨

路径依赖理论的重要性在特色农业发展中体现得淋漓尽致。这一理论最初主要用于解释技术演变过程，但诺贝尔经济学奖得主道格拉斯·诺斯在探讨经济制度的演进时，将这一原理推广开来。路径依赖的核心概念指出，社会中的技术演进或制度变迁往往具有一种惯性，即一旦进入某一条路径，不论其优劣，都可能会对该路径产生依赖。这意味着即使是微不足道的事件，如偶然的情况，也可能会将技术或制度引入特定的路径，而不同的路径将导致截然不同的结果。

### 一、路径依赖理论的内涵

路径依赖，又称路径依赖性，指的是人类社会中的技术演进或制度变迁具有一种类似于物理学中"惯性"的特性，即一旦进入某一条路径，就可能对该路径产生依赖。这一概念最初由保罗·大卫在 1985 年提出，后来由 W. 马兰·阿瑟进一步发展，形成了技术演进中路径依赖的系统思想。起初，路径依赖理论主要针对技术演变过程，后来由道格拉斯·诺斯将其拓展到社会制度变迁领域，建立起制度变迁中的路径依赖理论。

诺斯将路径依赖解释为"过去对现在和未来的强大影响"，强调"历史确实起着重要作用，我们今天的各种决策和选择实际上受到历史因素的影响"。诺斯认为，制度变迁与技术演进类似，都存在着报酬递增和自我强化的机制。一旦制度变迁走上某一路径，其发展方向就将得到自我强化，从而影响当前和未来的选择。因此，"过去的选择决定了现在可能的选择"。在既定路径上，经济和政治制度的变迁可能进入良性循环，也可能沿着错误路径下滑，甚至会陷入无效率的锁定状态。一旦这种变迁陷入锁定状态，要摆脱其束缚则十分困难，通常需要借助外部效应、引入外生变量或依赖政权变革，才能实现对原有方向的扭转。

Arthur 提出了一个经典模型，在三种不同的环境（规模报酬递增、规模报酬不变和规模报酬递减）下对动态技术市场进行了分析，探讨了各种报酬条件对特定技术市场的可预测性、效率、灵活性和遍历性的影响，从而揭示"历史小事件"可能导致"低效率"技术被锁定的机理。这一模型的分析表明，在规模报酬递增的条件下，技术市场呈现出一种具有"吸收界限"的随机游走过程。而在规模报酬递减的条件下，技术市场呈现出一种与规模报酬递增相反的具有"反射界限"的随机游走过程。在此基础上，我们可以总结出不同规模报酬收益情况下技术选择市场的一些特性。

从以上分析可以看出，在规模报酬不变和规模报酬递减的情况下，由于市场是可以预测的，因此外来的历史小事件不会对结果造成影响，这意味着市场是遍历性的，即非路径依赖的。但在规模报酬递增的系统中，如果两种技术在市场中竞争的时间足够长，那么只有一个或多个历史小事件致使某一技术过程进入对手的"吸收界限"时，技术才会被"锁定"。这些历史小事件是随机发生的，它们能够影响用户群对某一技术的选择，从而导致某一技术在市场上获胜。因此，规模报酬递增的系统具有非遍历性，即具有路径依赖性，这正是Arthur要阐明的技术变迁中路径依赖的作用过程。虽然一些学者后来在阐述路径依赖原理时各有侧重点，但仍然存在很多共同之处。他们通常假设一定形式的收益递增，然后加入不同当事人之间的差异或加入一个随机选择过程，从而导出多重均衡模型，对收益递增系统的几个特性进行分析。James总结了不同学者对路径依赖的认识，认为路径依赖有三个特点：首先，它是对因果过程的研究，对早期历史阶段非常敏感；其次，按照路径依赖的观点，早期的历史事件是随机发生的，这种随机性不能被先前的事件或"初始状态"解释；最后，一旦随机性历史事件发生，路径依赖就具有相关的确定性的因果模式或"惰性"。在此基础上，他总结出了路径依赖的原理。

## 二、路径依赖理论的发展

自20世纪90年代以来，西方学者逐渐将路径依赖研究的焦点从技术变迁转向了制度变迁。North于1990年指出，Arthur提出的技术变迁机制同样适用于制度变迁。制度变迁受到四种形式的报酬递增制约：一是制度重新建立时的建设成本；二是与现存制度框架和网络外部性以及制度矩阵相关的学习效应；三是通过合约与其他组织和政治团体在互补活动中的协调效应；四是基于制度增加的签约因持久性而减少了不确定性的适应性预期。North同时指出，由于经济和政治相互作用，以及文化遗产的影响，制度变迁可能比技术变迁更为复杂。

随着时间推移，North 更加强调制度变迁的路径依赖与路径依赖技术观的差异，并发展了一个日益原始的制度性路径依赖概念。然而，David 于 1998 年对 North 引入路径依赖的方法提出了质疑。他指出，North 的"制度变迁的路径依赖方式"与特定的均衡解相关联，他基本上误解了路径依赖的原始含义，而是根据自己的需要使用了路径依赖这一术语。他认为，North 之所以引入路径依赖，是因为他认为经济上的无效产出与根本的路径依赖并不等价。换句话说，North 关于制度变迁的路径依赖主要是针对有效制度的路径依赖，而排除了对无效制度的路径依赖，这自然难以解释为什么无效的制度普遍存在。在此基础上，David 指出了路径依赖导入制度变迁分析可能存在的三种方式：第一，在不存在个人经济行为主体集权式导向的情况下，处理历史经验在相互一致的预期信息结构中的作用；第二，分析多人组织所拥有的为了发挥最小的可行效率水平的信息渠道和编码与长久的物理资本品之间的类似性；第三，分析这些因素在复杂的人类组织中产生的强烈的互补性或依存性，以及形成的连续性和兼容性的必然结果。

Stark 将路径依赖思想应用于制度分析，主要着眼于后社会主义经济，尤其是私有化战略。Stark 的分析颇具洞察力，但实质上也延续了技术变迁的路径依赖思路。Campell、Hausner、Federowiez、Vineensini 等学者对制度胜利路径依赖的不同机制进行了阐述，也为此做出了贡献。与 North 的新制度主义思路不同，他们的理论皆呈现出进化的特质。国内学者也指出了技术变迁路径依赖与制度变迁路径依赖之间的异同。秦海认为，无论是从技术变迁还是从制度变迁的角度，对路径依赖的讨论都具有明确的实质含义：对技术变迁而言，其强调需求、技术和制度之间的互动性。换言之，一种技术标准的选择会影响后续技术的选择。而对于制度而言，制度即一种"标准"，显然包含了技术变迁过程中的所有路径依赖特性。然而，制度变迁的路径依赖具有其特殊含义：①制度的无效率是一个非历程性的过程，是永恒存在的。②制度与组织相互作用，这一互动是广泛的社会秩序化过程。参与者不仅包括个人、组织，还包括制度变迁的过程。初始制度安排影响制度变迁过程，而制度变迁的过程更将深刻影响制度的进一步选择和变迁。③人类社会的一切制度变迁过程都是一种适应性学习过程，这种学习基于个人心智、历史、文化和意识形态。在这一过程中，习俗或社会规范对制度变迁的速度和方向起到了决定性作用。随着路径依赖理论的日益成熟，西方学者开始利用该理论分析经济领域内的各种问题，其中最典型、最成熟的代表是利用路径依赖理论分析公司治理问题。

### 三、路径依赖与竞争优势：经济发展的选择与挑战

路径依赖理论给我们带来了多方面的启示。首先，经济发展和变革中不存在单一的选择均衡，最优制度特征只能与特定的均衡联系起来。其次，路径依赖不仅是制度变迁递增的描述，也决定了当前的经济绩效，昨天的制度框架为今天的组织和个人提供了机会，因此具有重要影响。再次，不同国家间经济发展的差异源于其制度差异和这些制度的演变方式。最后，要想缩小与发达国家的差距，发展中国家必须改善多种制度，消除阻碍经济发展的因素。

（一）路径依赖与竞争优势：经济发展的重新审视与战略选择

由于路径依赖的锁定效应，即使具有潜在比较优势的技术和制度也可能无法形成竞争优势，反而被淘汰。这告诉我们，必须重新审视比较优势和竞争优势之间的关系。单纯强调比较优势是不够的，更应注重竞争优势的形成。世界各国的发展历史表明，比较优势可以帮助各国摆脱经济贫困，但要实现经济现代化，必须依赖竞争优势。竞争优势具有战略意义，任何国家的国际竞争力都取决于比较优势和竞争

优势。因此，攀西民族地区不仅应该发展具有比较优势的劳动密集型产业，还应该优化产业结构，在资本密集型产业和高新技术产业上与东部地区展开竞争，形成产业竞争优势，摆脱对经济发展形成的外部路径依赖，提高竞争力。

（二）最初路径选择与竞争优势：路径依赖的影响与应对策略

只有在最初的选择是正确、合理的情况下，路径依赖才能发挥增强企业竞争优势的作用。最初的路径选择具有很高的资产专用性，如果最初的选择不是最优的，由于沉没成本巨大，后续的技术和制度优化将难以实现。在这种情况下，路径依赖可能无法增强竞争优势。这对攀西民族地区乡村振兴至关重要。虽然目标明确、发展方向正确，但如果最初的路径选择出现偏差，那么将会导致远离竞争优势的目标，并可能陷入无效状态。要扭转这种偏差和无效状态需要付出极大努力，甚至是不可能实现。因此，在获得竞争优势时，必须特别注意路径选择和路径依赖的存在。

（三）微小事件与竞争优势：路径依赖下的发展挑战及对策

技术演进和制度变革不仅仅是技术替代问题，更是社会经济问题，否则不会出现"劣技术驱逐良技术"的情况。人类制度的变革更是一个社会经济过程，因此任何技术演进和制度变革过程都是社会博弈过程，而且这种博弈是反复的。在这个过程中，形成的博弈均衡是多样的。如果某个微小事件或随机事件成为技术演进或制度变革的影响因素，它可能通过放大效应改变技术或制度的演化路径，从而对竞争优势的形成产生不利影响。因此，在设计发展路径和发展过程时，应全面分析影响发展路径的因素，不仅关注重大事件，还应特别重视那些可能对发展路径产生较大影响的微小事件和随机事件。

# 第三章 攀西民族地区乡村振兴生态农业发展路径

## 第一节 生态农业概述

生态农业，是一种以生态为基础的农业经营和管理模式。其核心特征在于采用环境友好型的农业技术和生产方式，旨在实现农业的可持续发展。生态农业注重保护生态环境，致力于节约资源、提高生产效率，从而推动绿色发展。该模式强调保护农业生态环境，采用低投入、低技术、低能耗的生态技术和管理模式，以保护环境和水土资源为前提，实现农业的可持续发展。生态农业的实践，不仅有助于改变农业生产方式，减少对环境的负面影响，而且能够促进农业的长期健康发展。

### 一、生态农业的概念

生态农业模式是一种现代化、高效益的农业模式，其基于生态学和经济学原理，巧妙地结合了现代科技手段与传统农业经验，实现了经济、生态和社会效益的协同提升。这种农业模式不仅专注于发展粮食和多种经济作物的生产，还注重大田种植、林牧副渔业，并将农业与第二、第三产业相融合。通过综合运用传统农业技术和现代科技手段，生态农业实现了生态经济的双循环；通过人工设计的生态工程，生态农业解决了经济发展与环境保护之间的矛盾，实现了经济、生态和社会效益的统一。随着攀西民族地区乡村振兴步伐的加快和交通条件的改善，生态农业的发展前景将更加广阔。

生态农业建立在可持续发展的基础之上，运用现代科技成果和现代管理手段，结合传统农业的有效经验，实现了经济、生态和社会效益的三方共赢，是我国农业实现可持续发展的必然选择。在社会主义市场经济条件下，生态农业是中国农业发展的不可或缺的部分。其目标是提高土地生产力，充分利用当地自然资源和人文资源，综合运用系统工程方法将种植业、畜牧业、林业和渔业生产结合起来。生态农业要求发展多种经济作物的生产，同时发展大田种植和林牧副渔业，并将农业与第二、第三产业相融合。

## 二、生态农业的发展历程

人类农业发展有着漫长的历史，大致可分为三个阶段。在这三个阶段，存在许多需要进一步探索和研究的重要问题。

### （一）探索阶段

在生态农业的探索阶段，最初只有少数生产者根据当地市场需求自发生产特定产品，这些生产者后来组成了社团或组织。随着社会经济水平的提高，以农户为单位的家庭农场经营模式开始出现。为了获得更高产量和质量的农产品，需要有相应的技术措施和组织形式的支持。随着社会经济的发展和人们生活水平的提高，生态农业逐渐变为一种新的产业。

在英国，有机农业试验和生产在很早之前就开始了。他们将有机农业视为生态农业的一部分。有机农业以保护和利用自然条件为基础，通过合理轮作、间作套种等技术措施，使土壤达到良性生态系统平衡。他们对传统的有机农业进行了批判，发现了一些问题，因此形成了有机农业理论。20 世纪 30 年代，霍华德提出了有机农业的概念，并据此组织试验和推广，直至今日，有机农业在英国得到了广泛发展。而在美国，替代传统农业的主要是有机农业。1942 年，罗代尔首次实践有机农业。在农场拓展和以往研究的基础上，他于 1974 年建立了罗代尔研究所，这一研究所后来成为美国和世界知名的有机农业研究机构。然而，在当时，生态农业过分强调对传统农业的替代，采取了自我封闭的生物循环生产方式，未能获得政府和广大农民的支持，导致其发展迟缓且不正常。

（二）重视阶段

20 世纪 70 年代，一些发达国家在工业高速发展的同时，环境污染达到了前所未有的严重程度，尤其是美国和欧洲的一些国家，工业污染直接威胁到人类的生命和健康。因此，世界各国纷纷提出了"绿色革命"的口号，并开始付诸实践。为了解决日益严峻的环境污染问题，许多国家开始将注意力集中在生态环境保护上。这些国家认为有必要共同行动，加强环境保护，拯救人类赖以生存的地球，确保人类生活质量，推动经济社会的健康发展。这导致了各种替代农业思潮的出现，主要体现在对农业生态环境的保护上，包括有机农业思想及其技术研究与开发，以及对农业生态环境破坏进行综合治理等方面的工作。

在西欧，法国、荷兰、德国等发达国家相继开展了有机农业运动。1972 年，法国成立了国际有机农业运动联盟（IFOAM）。该组织认为有机农业是一种符合可持续发展观念、能提高农产品品质和增加农民收入的现代农业生产方式。随后，各国政府相继出台了相关政策，对有机农业的生产进行激励与扶持，使之成为各国可持续发展战略实施的重要手段之一。1975 年在英国举行的国际生物农业会议肯定了有机农业的优势，推动了英国有机农业的普及和发展。日本在 20 世纪 70年代提出了生态农业，重点是缓解农田盐碱化、农业面源污染（农药、化肥），提高农产品品质和安全性。日本的四叶草联盟是由生产者与消费者组成的守护土地的生产、销售组织，对日本的农业产生了深远影响。而菲律宾是东南亚地区生态农业建设较早的国家之一。20世纪 80 年代，玛雅（Maya）农场在世界上颇有影响，玛雅农场国际大会得到了社会各界的高度评价。

（三）发展阶段

20 世纪 90 年代以来，特别是 21 世纪初，各国普遍推行可持续发展战略，得到了全球范围内的广泛响应。生态农业作为农业可持续发展的实践模式被确定为农业发展的重要动力，迈入了蓬勃发展的新阶段。环境污染已成为制约社会生产力发展和影响人们生活质量的重要因素，得到了全世界的普遍关注。

在此背景下，一些国家采取了积极的政策举措来支持和推动生态农业的发展。例如，奥地利早在 1995 年就开始启动扶持有机农业的特殊项目，国家提供专项资金，鼓励并协助农场主发展有机农业。法国于 1997 年制定并执行了"发展有机农业的中期方案"。日本农林水产省提出了"环保型农业"的开发方案，并于 2000 年 4 月制定了有机农业标准，于 2001 年 4 月开始实施。

近年来，发达国家正大力发展绿色农业以应对全球环境日益严峻的问题。这些国家推广生态农业主要依靠政府的政策扶持。一些国家向从事生态农业系统改造的农场主拨款，同时，许多地方政府要求建立自己的有机农业示范基地。例如，美国艾奥瓦州的法规要求，只有生态农场才能取得"环境质量激励项目"；而明尼苏达州的法规规定，有机农场在资格认定方面所需支出，州政府可补助 2/3。这些举措都是为了提高农业生产力而进行的投资行为。

在这一时期，全球生态农业发生了质的变化，由单一型向分散型转变，从自发民间活动向政府有意识提倡的全球性生产运动过渡。生态农业成为世界性潮流，许多国家都在积极研究和推广生态农业。各国纷纷出台专门政策，鼓励生态农业的发展。发展中国家也开始在绿色食品生产方面进行研究与探索。

### 三、生态农业的内涵

生态农业是一个以生态为中心的综合农业系统，涵盖了环境保护、土壤调整、水质保护和物种优化等方面的内容。

第一，生态农业以环境友好为特点，通过采用绿色技术尽可能减少对环境的污染和自然资源的消耗。它注重保护土壤、水质和生物多样性，调节生态平衡，促进空气质量的改善。第二，生态农业是一种科学的农业系统，以绿色技术为基础，旨在优化农作物结构、提高农业生产力、降低生产成本、提高农产品品质，满足社会市场需求，促进社会经济发展，实现农业的可持续发展。第三，生态农业注重节约资源、保护环境、促进农民增收。它采用节水技术、施肥技术、除草技术和抗病虫技术等方法，以减少资源浪费和农药使用，从而降低生产成本，提高农民收入。第四，生态农业还关注农业旅游的发展，以自然生态和农业文化为基础，提供体验式的农业旅游，满足游客的需求，促进农业旅游的可持续发展。

此外，生态农业通过建立优质的生态环境来满足农业生产的需求，同时促进社会和环境的可持续发展。例如，种植多种作物可以提高农业经济效益，同时减少土壤退化和改善土壤质量；采用水土保持和微生物技术等方法可以改善生态环境，提高农业生产效率，降低生产成本，满足社会需求。

## 四、生态农业的特点

### （一）综合性

生态农业强调发挥农业生态系统的整体功能，旨在实现农业的可持续发展。其核心理念根植于自然生态和农业文化的融合，意在满足游客的需求，并通过提供丰富多彩的体验式农业旅游来推动农业旅游的持续繁荣。

生态农业注重的不仅仅是农业生产，更注重农业与生态环境的和谐共生。通过保护土壤、水资源和生物多样性，生态农业致力于建立优质的生态环境，为农业生产提供可靠的生态基础。这不仅有助于提高农业生产效率和质量，还为社会和环境的可持续发展做出了重要贡献。

生态农业的综合性使其成为一种多元化的农业发展模式。它不仅能够满足人们对健康、安全食品的需求，还能够为城市居民提供亲近自然、放松心情的休闲方式。此外，生态农业还为农村地区创造了就业机会，促进农民增收，助力农村经济的发展。

总的来说，生态农业不仅是一种农业发展模式，还是对社会需求的回应和对自然环境的尊重。通过强调生态与农业的融合，生态农业为农业发展开辟了一条可持续的发展道路，为实现农业生态化、现代化、品牌化提供了有力支持。

### （二）多样性

生态农业的多样性体现在多个方面，呈现出丰富多彩的特征。第一，在经营模式上，生态农业涵盖了传统的农、林、牧、渔业以及野生动植物保护等多种经营方式，这些模式相互交织，构成了生态农业的全面发展格局。第二，在种类上，生态农业包括了各种农作物的种植，涵盖了粮食、果园、蔬菜等不同类型的种植业，以及养殖业等，为满足人们多样化的消费需求提供了充足的选择。第三，在形式上，生态农业呈现出多样性的经营形式，包括了小型农场、大型农场、旅游农场以及城乡结合型农场等多种形式，为不同需求的人们提供了广泛选择。第四，在结构上，生态农业体现了多元化、综合化和生态化的特点，使得农场在生产经营中能够更好地适应环境变化和市场需求，提高了农业的抗风险能力和发展稳定性。第五，在功能上，生态农业不仅是农业生产的方式，还具有旅游消费、生态环境保护等多种功能。通过农业旅游等方式，生态农业促进了农村经济的发展和农民收入的增加。同时，生态农业致力于生态环境的保护和恢复，为社会和环境的可持续发展做出了积极贡献。

生态农业的多样性为农业本身的可持续发展提供了有效保障，同时也为社会和环境的可持续发展提供了重要条件，促进了农业经济的繁荣和生态环境的改善。

（三）高效性

生态农业的高效性体现在经济效益、社会效益和环境效益三个方面。首先，在经济效益方面，生态农业通过引入技术改良和增种改良等措施，提升了农业生产的经济效益。这包括提高农产品的产量和质量，使农民获得更丰厚的收入。通过采用科学的种植和养殖技术，优化土壤营养结构，改善水体质量和空气质量，生态农业能够实现更高效的农业生产，为农民创造更多的经济价值。其次，在社会效益方面，生态农业对社会环境的改善做出了积极贡献。生态农业减少了对环境的污染，改善了农村环境质量，提升了农民的生活品质和健康水平。

同时，生态农业的生产方式也为社会提供了更加安全、健康的农产品，促进了社会的发展。最后，在环境效益方面，生态农业通过保护生物多样性，实现了对生态环境的保护和可持续发展的目标。采取种植耐药作物、改善土壤质量和生态环境、增加野生动植物保护区等措施，有助于维护生态平衡，保护珍稀濒危物种，为后代留下更加丰富多样的生态环境资源，为未来的可持续发展奠定了坚实的基础。

（四）持续性

生态农业的持续性发展模式，旨在提高农业生产的经济效益、改善社会环境、保护生物多样性。为了实现这一目标，需要在技术改良、生物多样性保护、农业投入和政策支持等多个方面进行投入和努力。

第一，技术改良是生态农业持续发展的基础，通过引进先进的农业技术，包括种植、养殖、水利管理和土壤保护等方面的技术创新，提高农业生产效率和质量。第二，生物多样性保护是保障生态农业持续性发展的重要保障，通过建立和完善生物多样性保护区、加强濒危物种的保护和繁育工作，维护生态系统的平衡和稳定，保护自然生态环境，实现农业与自然的和谐共生。第三，增加农业投入也是实现生态农业持续发展的必要条件。政府和企业应当增加对生态农业的资金、技术和人力资源投入，提高生态农业生产的竞争力和可持续性。第四，农业政策的支持和引导对于生态农业的持续发展至关重要。政府应当出台相关政策和法规，为生态农业的发展提供政策支持和保障，包括财政补贴、税收优惠、土地政策和农业保险等政策措施，以营造良好的发展环境，推动生态农业实现可持续发展。

## 第二节　攀西民族地区乡村振兴生态农业发展路径的优势

### 一、独特的生态自然禀赋

#### （一）气候别具"低纬山地"之特色

攀西民族地区位于四川西南部，主要由山地组成，因此具有独特的"低纬山地"气候特点。这种特殊气候条件不仅对当地的农作物生长有着重要影响，还为该地区的经济社会发展提供了有力支撑。

攀西民族地区的气候相对温和，冬季气温较低，夏季气温较高，且日照时间较长。冬季虽偶有大雪，但由于山地阻隔，大雪情况并不常见。夏季炎热，但地处高纬度，早晚依然较为凉爽，因此即使在夏季也不会过于酷热。攀西民族地区的降雨量较多，远多于其他地区，造就了该地区独特的湿润气候，使其成为一片生机勃勃的绿色大地。

这种特殊气候条件也促进了植物的生长。攀西民族地区植物资源丰富，种类繁多，尤其以野生植物最为突出，包括许多药用植物，如山药、党参、灵芝等，以及热带和亚热带植物如榕树、棕榈树等，还有一些野生珍稀植物如鹿茸、桫椤等。这些植物丰富了该地区的植物资源，同时构成了其独特的生态环境。

攀西民族地区的气候特点别具"低纬山地"之特色，既温和又湿润，降雨量较多，是一片生机勃勃的绿色大地。这种气候条件为农作物的生长提供了得天独厚的自然优势，也为当地的经济社会发展提供了有力支撑。

#### （二）生物资源丰富，类型多样

攀西民族地区是我国重要的生态屏障之一，也是全国最大的野生动植物种质资源库之一。这一地区以其丰富多样的生物资源而闻名，常被誉为"植物王国""动物王国"，甚至被称为"微生物王国"。受到特殊的地理和气候条件的影响，攀西民族地区的生物多样性呈现出多姿多彩的特点。

1. 种质资源

种质资源是指物种的多样性以及具体物种的基因库资源。攀西民族地区因其地理、气候等因素的影响，生物多样性十分显著。这一地区蕴藏着丰富的生物资源，以物种多样性为其特色，因此对种质资源的收集和研究尤为重要。

攀枝花地区的苏铁被称为"活化石"，分布在距离市区较远的地区，是保存在金沙江河谷中最古老的种子植物之一。这些植物资源对于研究地区植物区系的发生、发展，以及古生物学、生态学等方面具有重要的科学价值，同时也具有很高的观赏价值。

攀西民族地区也是陆生野生脊椎动物种类最多的地区之一。攀西民族地区的生态系统有着各种生态环境中的多样性，是维持生物多样性的重要环节。该地区的土壤、水体和矿产环境之间存在丰富的关系，微生物的种类也十分丰富。

攀西民族地区的生物资源丰富、类型多样，不仅有助于推动地方经济的可持续发展，保持生态平衡，还具有重大的科研价值和现实意义。

2. 经济物种资源

随着我国经济社会的高速发展，人类活动不断增多，自然生态环境逐步恶化，物种灭绝速度加快，生态系统功能退化。攀西民族地区作为我国的重要生态屏障之一，拥有丰富的生物资源，其中经济物种资源处于核心地位。经济物种资源包括经济植物资源、经济动物资源、经济微生物资源等，根据产出方式可分为野生生物资源与栽培驯化生物资源。攀西民族地区的经济物种资源类型多样、分布广泛、数量巨大。

3. 水果类资源

攀西民族地区具备发展热带特色农业的得天独厚优势和广阔前景。攀枝花被誉为"中国热带水果的发祥地之一"，拥有丰富多样的水果资源。其独特的地理和气候条件，使得攀枝花成为生产优质水果的理想之地，包括优质中晚熟芒果、优质软籽石榴、高档酿酒葡萄、早熟的冬枇杷等。这些水果品种在国内品质一流，为攀枝花的水果产业树立了全国性的品牌。

该地区适宜栽培多种热带果树，拥有较好的发展优势。由于地处内陆，免受台风影响，能够保持产品产量的稳定性，规避灾害损失，获得良好的经济效益。攀枝花冬、春季温度高，有利于花期传粉坐果，并且果实发育和降雨期同步，病虫害轻发，果实着色好。攀西民族地区作为中国石榴主要产区之一，近年来引种的青皮软籽优质石榴表现出了良好的发展势头，其单产水平位居全国首位。

然而，长期连作和粗放式管理造成了一些问题，如树势衰弱、抗病性变差、质量降低等，严重制约了行业的发展。

（三）地形地貌类型的多样性

攀西民族地区的土地资源根据地貌类型可划分为坝区、半山区、山区以及高寒山区四种。地貌类型的多样性使得地域组合相当复杂，包括山地、丘陵、盆地和河谷。

在地形坡度较大、坡向不一致的情况下，不同地区土壤母质和成壤特点的差异形成了各具特色的土壤特性。这为该地区成为最大优质高效特色农业气候生产潜力的区域奠定了基础。

## 二、生态政策优势与人文禀赋

### （一）生态政策优势：长江中上游生态安全屏障地区

攀西民族地区位于长江中上游地区，扮演着重要的生态安全屏障角色。其稳定的气候、丰富的地质特征和高覆盖率的植被，特别是森林覆盖率，为长江中上游水环境质量提供了有效保障。丰富的水资源和野生动物资源也为水环境质量的改善提供了支持。因此，攀西民族地区作为生态安全屏障地区，具有明显的优势，可以为环境保护和地区的可持续发展提供有力支持。

### （二）人文禀赋：独有的生态农业文化

攀西民族地区是多民族聚居地，拥有丰富多彩的民族文化。这些民族在这片土地上形成了独特的生态农业文化，包括独特的水土治理措施、传统养殖技术和丰富的民俗文化。这种人文禀赋不仅在水土治理方面发挥着重要作用，还深深地影响着当地农民的生活习惯和思想观念。攀西民族地区的生态农业人文禀赋独具特色，成为一种宝贵的文化遗产，具有重要的意义。

攀西民族地区既拥有显著的生态政策优势，又具备独特的生态农业人文禀赋。这些优势和禀赋为该地区的可持续发展提供了坚实基础，也为其在环境保护和生态建设方面发挥更大作用提供了重要保障。

# 第三节　攀西民族地区乡村振兴生态农业发展路径的劣势

## 一、攀西民族地区山地生态挑战与土地利用难题

### (一) 山地生态脆弱：自然灾害频发，生态环境严峻

攀西民族地区的山地生态系统脆弱性十分显著。地理特征的独特性以及自然和人为因素的影响，使得该地区的生态系统面临巨大挑战。山地地形陡峭、气候多变、人类活动频繁等因素导致生态系统容易受损。森林砍伐、地质开采、水土流失等人类活动更是加剧了生态环境的恶化。随着城市化和工业化进程的加速，山地资源过度开发的问题变得尤为突出。因此，政府必须采取有效措施，保护攀西民族地区的生态环境，避免进一步的破坏。

### (二) 土地利用难题：多样性与复杂性带来挑战

攀西民族地区的地貌复杂，地形垂直差异明显，给土地利用带来了诸多挑战。耕地、草地、林地等土地资源类型空间分布不均，受地形因素的影响较大。土壤类型多样，在海拔高低不同的地区，土壤性质和肥力水平也存在明显差异。当前，攀西民族地区的耕地存在着耕作层薄、水土流失等问题，农业生产面临着严峻挑战。如何提升耕地质量、提高土地利用效率，是该地区亟待解决的重要问题之一。同时，土地资源的多样性也给规模化发展和农业生产机械化带来了难题，需要综合考虑土地利用的多方面因素，制定科学合理的发展策略。

综上所述，攀西民族地区面临着山地生态脆弱性和土地利用难题。保护生态环境、合理利用土地资源是该地区实现可持续发展的关键所在，需要政府部门和社会各界共同努力，制定有效的政策和措施，

推动生态文明建设，实现经济发展与生态保护的良性循环。

## 二、攀西民族地区生态农业发展面临的挑战

### （一）生态领军企业不足，带动力量有限

攀西民族地区的生态型领军企业尚未充分展现出带动力量。总体而言，这些企业"数量不多、规模不大、实力不强、层次不高"，缺乏跨区域、跨部门、跨所有制的大规模、多层次的深加工农业龙头企业或企业集团。这种状况主要由以下因素引起：首先，攀西民族地区地理区位不佳，制约了企业的发展潜力；其次，该地区缺乏技术和人才支持，投资环境不够优越；再次，政府对企业的政策支持不足，未能有效促进企业的壮大；最后，攀西民族地区的经济发展相对缓慢，整体经济活力不足。因此，政府需要采取更加积极的措施，加大环境保护力度，改善生态环境，吸引更多的人才和投资，加大对企业的政策支持力度，以推动攀西民族地区的经济发展。

### （二）生态产业链不完善

攀西民族地区的生态型农业产业结构仍待调整与升级，特色优势产业亦需要进一步巩固和扩大。尤其是在林业产业方面，"资源丰富、产业发展相对较少、效益不高"的问题尚未得到根本性解决。当前，随着我国经济发展步入高质量发展阶段，将生态优势转化为竞争优势依然受到多方面因素的制约。

挑战一：产业结构不合理。

生态资源优势未能充分转化为竞争力的主要原因之一是产业结构不合理。传统农业仍占据主导地位，农产品结构失衡，多为单一原料，初级加工占主导地位，品牌建设滞后，导致农产品附加值不高。农业产业结构存在不合理之处，包括农产品生产结构、农村经济结构和现

代农业结构等。许多农业企业规模庞大，但竞争力不强，缺乏龙头企业的带动，难以实现产业化经营。

挑战二：投入不足、基础设施不配套。

农业投入不足、基础设施不配套、缺乏有效的社会化服务体系和信息平台，也是影响生态产业发展的重要因素之一。部分农户不知道如何将现代科学技术应用于农业生产，导致农产品的技术含量和附加值不高。产业组织化程度不高，经营主体较少，市场竞争能力不足，部分农业产业化龙头企业带动力不足，难以形成规模效应，影响了整体竞争力水平。同时，缺乏必要的资金支持和政策保障，也使得许多企业难以扩大规模，造成了资源浪费。

为了解决这些问题，政府应采取有效措施。首先，政府需要加大对原料供应地区的投资和开发力度，以确保生态产业链条中原料的充足供应。其次，政府应加强技术研发，提升生态产业的技术水平，从而推动产业的创新和发展。再次，政府要制定有效的监督机制，确保生态产业的运行符合规范和标准，提高生产效率和产品质量。最后，政府还应加大对生态企业的政策支持，提供税收优惠、财政补贴等，促进企业的发展壮大。通过这些举措，攀西民族地区的生态产业链将更加完善。

## 第四节　攀西民族地区乡村振兴生态农业发展路径选择

攀西民族地区乡村振兴的特色生态农业路径，强调生态保护与农业发展的有机融合。该路径以生态农业为基础，充分利用当地丰富的自然资源和独特的民族文化，探索出一条生态优先、绿色发展的道路；通过发展特色产业、保护生态环境、传承民族文化，实现农业增效、农民增收、乡村振兴的良性循环。同时，这一路径倡导可持续的生产模式，推动农业生态化、现代化和品牌化发展，提升农产品的市场竞争力和附加值。这一路径在促进当地经济发展的同时，保护了生态环境和民族文化，为实现乡村振兴注入了新的活力和动力。

## 一、生态农业路径

生态农业路径是指农业生产得以实现，同时生态环境得以控制、保护和融合的农业可持续发展道路。生态农业利用现代科学技术，按照生态学规律组织农业生产、销售，是实现资源节约、经济效率与社会公平相统一的农业经营新模式。

随着现代科学技术的进步和人类认识自然能力的提高，现代农业已经进入了一个新阶段——生态化时代。其核心要求是发展生态农业，其最终目标是实现农业可持续发展。目前，国内外学者已将目光集中到生态农业这一领域，但是关于如何开展生态农业的研究还较少。

现代农业的发展已被各国视为重要的战略任务之一，其中建立良好的生态环境是实现这一战略目标的关键之一。1970 年，美国土壤学家阿尔布雷什首次提出了生态农业的概念，即按照生态学、经济学和现代科技原理进行管理，以实现经济效益、生态效益和社会效益兼顾的现代高效农业。国际上将这种综合运用多种学科技术措施的农业生产称为生态农业。随着我国农村经济的迅速发展，生态农业这种新型的农业经营模式已被逐步接受和应用。国内外对生态农业系统的研究已从宏观层面深入到微观层面，而关于生态农业系统的生态规律及其调控机制则是其最基本、最难解决的问题之一。

在当今社会经济发展和人类活动增加的背景下，生态环境问题日益突出。因此，迫切需要建立科学有效的评价方法，分析和判断一个区域或城市的环境状况，以更好地利用资源并保护自然环境。在这一背景下，国内学者提出了生态适应性理论，并将生态学原理应用于社会经济系统。国内外的部分学者也从不同的视角扩展和创新了农业生态理论。例如，戈德斯恰克和帕克在研究"承载力"时提出了环境承载力理论，后来被应用于现代农业的发展，形成了农业环境承载力理论。这些研究表明，生态农业系统具有一定的自我修复能力，能够通过自身调节来适应环境变化。虽然这些理论强调了人类活动对自然生态系统的影响，但它们揭示的生态环境问题各有不同，因此需要重新审视生态农业建设及相关理论。

## 二、攀西民族地区乡村振兴生态农业发展路径分析

生态农业作为一种在现代科学技术支持下按照生态学规律组织起来的整体，成为人们关注的焦点。特别是在攀西民族地区，生态友好型农业的发展已成为当地农业发展的主导方向。

生态友好型农业不仅要求降低农业生产中的能源消耗，减少温室气体和污染物的排放，还强调保护和优化生态环境。这不仅能有效改善生态环境，还有助于解决我国农业发展中面临的资源短缺和环境恶化等问题，为实现经济社会的可持续发展提供了有效途径。

除了环境保护外，生态友好型农业还注重食品安全和人体健康。摆脱对化学肥料和农药的依赖，追求无毒、高质量的农产品，是其发展的重要目标之一。同时，生态友好型农业也追求经济效益，要求农业发展与市场需求相结合，通过充分利用现代技术和资源，实现生态友好和经济效益的双赢。

在探讨攀西民族地区乡村振兴特色发展路径时，我们需要从生态理念出发，培育和发展该地区特色农业的生态生产主体和生态消费主体。这包括建立产业化经营模式，如"公司+基地+农户""龙头企业+农民合作社"等，以及建立严格的生态制度和生态激励机制等方面的

工作。其最终目标是通过构建生态农业园和种植园,大力发展生态产业,培育生态龙头企业,实现农业生态化发展。

总体而言,攀西民族地区特色生态农业路径是该地区农业发展的必由之路。按照生产标准化、发展生态化、生态产业化、产业生态化和产品特色化的总体规划,攀西民族地区将逐步实现生态优势向农业发展的生态资本和生态竞争力的转变。

通过对国内外相关研究的分析发现,国外学者对山区农业可持续发展问题进行了充分的研究,而国内在该领域的研究成果相对有限。本节旨在总结攀西民族地区特色农业开发的生态路径,并在此基础上提出以下改进方案:

(一)培育生态意识

随着现代社会的发展,环境保护和生态文明建设的重要性日益凸显,培育生态意识成为当务之急。生态意识的培育需要从多个方面入手,包括加强环境教育、推进环境知识的普及以及强化法律法规的执行等。在攀西民族地区,政府可加强对学校和社会组织的环境教育,引导民众树立正确的环境观念,提高环境意识,从而使其深刻认识到保护环境、构建和谐生态环境的紧迫性和重要性。同时,政府应对环境污染行为进行严厉打击,使违法者付出沉重的代价。

(二)加强攀西民族地区政企合作

在培养生态意识方面,攀西民族地区的政府和企业需要共同发挥作用。政府可通过政策性措施加强对企业的环境管理,推动企业实现可持续发展。同时,企业也应将环境保护视为自身的责任,采取相应的环境保护措施,为社会环境和生态环境的改善做出应有的贡献。攀西民族地区的政府和企业的合作将有助于促进生态意识的培育,并推动整个社会朝着更加环保、可持续的方向发展。

培育生态意识是当前攀西民族地区社会发展的重要任务，也是构建美丽家园的关键一环。攀西民族地区的政府、企业和公众都应认真对待这一任务，共同努力，加强生态环境教育，为构建和谐的社会环境和良性的生态环境而不懈奋斗。

（三）制定严格的生态制度

制定严格的生态制度是当前攀西民族地区社会发展的重要一环。首先，攀西民族地区的政府应加强环境立法，以法律的力量来规范社会各界的环境行为，加强环境监管，严格执行环保标准，并坚决惩治环境污染行为。其次，政府还应加强环境保护教育，引导人们树立正确的环境观念。公众也应积极参与环境保护，从身边的小事做起，如减少个人碳排放、节约用水用电、分类垃圾等；同时提高环保意识，倡导绿色生活方式，让环保成为生活习惯。最后，攀西民族地区的企业也应承担社会责任，改进生产工艺，减少环境污染，降低能耗排放，建设绿色工厂，提高资源利用率和回收利用率。同时，企业还应加强对员工的环境保护宣传教育，推广绿色消费理念。在这一过程中，政府扮演着重要角色，不仅要加强对企业的环境管理，推动企业实现可持续发展，还要对环境污染行为进行严惩，让那些无视环境保护法规的违法者付出沉重的经济和法律代价。

制定严格的生态制度是构建攀西民族地区美丽家园的重要一环。攀西民族地区的政府、企业和公众都应认真对待这一任务，只有全社会齐心协力，才能形成全民参与的环保格局。

（四）大力发展攀西民族地区生态产业

随着全球气候变化的加剧，保护环境和实现可持续发展已成为攀西民族地区的重要任务，因此发展生态产业也成为攀西民族地区的重点努力方向之一。攀西民族地区应当转变传统的发展模式，倡导可持续发展，并引导企业朝着绿色发展方向努力。这意味着攀西民族地区的企业要真正投身于环境保护，加快绿色技术的研发速度，并推动绿色产业的壮大。政府应持续增加环保投入，采取更完善的政策措施，为企业可持续发展和环境保护提供更多政策支持，从而改善社会环境，推动生态产业的发展。发展生态产业是一个系统工程，需要攀西民族地区的政府、企业和社会各界的合作努力。攀西民族地区必须改变传统的发展模式，增加环保投入，促进绿色技术的创新，从而改善社会环境，为人类的可持续发展奠定坚实的基础。

# 第四章　攀西民族地区乡村振兴休闲观光农业发展路径

休闲观光农业是一种以农业景观为基础的旅游业态。它利用丰富的自然资源，巧妙地将农业景观与休闲游憩、观光和文化体验等活动相结合，形成一种具有地方特色的综合性旅游产品。在攀西民族地区，休闲观光农业的发展具有重要意义。

## 第一节　休闲观光农业的含义、发展条件和发展路径

### 一、休闲观光农业的含义

休闲观光农业是一种结合农业生产与旅游观光的新型农业模式，其核心理念在于通过提供休闲、娱乐和教育等体验，使游客与自然、农业产业和乡村文化产生联系，从而促进地方经济发展、农业结构转型升级以及生态环境保护。休闲观光农业将自然风光、农业景观和乡村文化融入旅游休闲体验中，通过丰富多彩的农业体验项目，如采摘果实、亲近动物、体验农耕等，满足游客对自然环境和乡村生活的向

往，使其在休闲娱乐的同时感受到大自然的魅力和农业生产的乐趣。休闲观光农业为农村地区带来了新的发展机遇。开展休闲观光农业项目，可以促进农业产业结构的转型升级，推动农业向特色化、生态化、高效化发展，提升农产品的品牌形象和附加值，增加农民收入。同时，休闲观光农业也为乡村旅游业的发展注入了新的活力，带动了当地农民就业和农村经济的繁荣，助力乡村振兴战略的实施。休闲观光农业注重生态环境的保护和文化传承；通过规范化管理和科学规划，合理利用农业资源，保护和修复生态环境，维护农村的生态平衡。同时，休闲观光农业也是一种传统文化的传承和弘扬方式，通过展示农村文化遗产、传统工艺和乡土风情，传承和弘扬中华优秀传统文化，提升游客的文化素养和对乡村文化的认知度。

休闲观光农业不仅是一种新型的农业发展模式，还是一种融合了自然、农业、旅游和文化的综合性产业，有利于促进农业产业升级、推动乡村振兴、保护生态环境和传承中华优秀传统文化。

## 二、休闲观光农业的发展条件

休闲观光农业以田园景观、自然生态及环境资源为基础，通过规划、设计和开发利用，结合农林牧渔生产、农业经营活动、农村文化及农家生活等元素，为人们提供休闲体验。它不仅是生产、生活与生态三位一体相结合的产物，还在经营上展现出产供销与休闲旅游服务等产业融合的特点，是一种集经济效益、社会效益及生态效益于一体的综合系统。休闲观光农业以农民为中心，利用农事季节或节假日组织农耕休闲活动，让人们获得精神上的愉悦，陶冶情操，促进身心健康，并享受美丽的田园风光。

目前，休闲观光农业已成为我国现代农业发展的重要组成部分。它是城乡一体化新的产业体系和解决"三农"问题、统筹城乡之间协调发展的有效路径之一。休闲观光农业是生产、生活、生态三位一体的新型农业经营形态，同时结合休闲旅游服务，成为农业开发的一种新模式。休闲观光农业不仅能够促进农民增收、农业增效、改善生态环境，还能够产生巨大的经济、社会和生态效益。它是区域农业和休闲旅游业相互交融、互生互促的新业态，共同推动农村经济在新模式中蓬勃发展。

（一）投资额相对较小

休闲观光农业项目的建设具有一系列优势。这种形式的农业旅游借助当地资源，建设成本相对较低，而且可以分阶段进行投资开发，因此启动资金需求较小。随着生活水平的提高，农民对农业旅游产品的需求也越来越大。休闲观光农业作为一种新型农业发展模式，具有产业融合性、城乡统筹发展和可持续发展等特点，展现出全产业链整合的特征。休闲观光农业项目的建设周期相对较短，可以迅速产生经济效益，包括农业收入、旅游收入和两者结合所带来的综合收益。因此，相较于传统农业，休闲观光农业具有更大的优势。农业和旅游业之间存在着相互促进的关系，能够实现双赢局面，从而提高农民收入。例如，农产品可以在垂钓等休闲活动中直接销售给旅游者。

（二）自然条件优越

攀西民族地区地理位置优越，气候宜人，地形多样，农业资源丰富，形成了各具特色的农业生态空间，为发展休闲观光农业提供了自然优势。然而，受历史和地理环境的影响，当地的传统农业在生产技术和产品结构上与现代经济要求存在较大差距。近年来，随着旅游业的繁荣发展，以休闲度假为主的农业生态旅游也得到了迅速发展。在这种情况下，开展农业生态旅游，既能满足游客对于自然和文化体验的需求，又能促进当地经济增长。

（三）特色农业富集

休闲观光农业的显著特征在于其体现了地域文化的独特魅力。受自然条件、社会历史环境、经济发展水平等因素的影响，不同地区的传统民俗文化在休闲观光农业中得到充分展示和运用，形成了各具特色的观光农业景观。随着时代的进步和人们对生活质量要求的提高，社会对休闲观光农业也提出了新要求，不仅注重"吃"，更需要"游"，希望从中获得身心愉悦的享受。

攀西民族地区农业生产源远流长，每个地区的农业生产方式和习俗都有明显差异，文化资源极为丰富，为提升休闲观光农业的吸引力提供了机遇。休闲度假已经成为现代都市人的一种时尚选择。为了将休闲观光农业打造成各地区农民增收致富的主要产业，需要充分发挥地方的资源优势，挖掘地域文化内涵，并将其融入观光旅游活动中，同时还应采取多种途径进行宣传推广，才能实现经济效益和社会效益相统一的目标。

### 三、休闲观光农业的发展路径

休闲观光农业作为一种新兴业态备受各级政府和民众关注。发展休闲观光农业，可以抓住国内市场建设和扩大内需的重要机遇，加速构建扩大消费需求的长效机制。休闲观光农业不仅能释放居民的消费潜力，还提供了各种休闲产品和服务来满足人们对休闲消费、休闲心理和休闲行为的个性化、多样化和多元化需求。休闲观光农业在国民经济中占据重要地位，是衡量一个国家或地区社会进步程度和综合实力的标志之一。

在中国经济飞速发展、人民生活水平日益提高的今天，大力发展休闲观光农业不仅符合我国经济社会可持续发展要求，也能推动新型城镇化建设，转变经济发展方式。可以说，休闲观光农业的开发对有效地培育消费新热点、推动经济增长、增加就业机会、促进经济结构优化升级、提高人民群众生活质量等均有重要的意义。

从休闲观光农业在中国的发展史来看，不同阶段表现出了不同特点。改革开放以来，随着经济的快速增长以及人们生活水平的不断提高，人们对休闲娱乐的需求也随之增长，从而推动了我国休闲观光农业的迅速崛起。目前，我国正在进入一个以"全域旅游"为标志的新时代，因此，如何促进攀西民族地区休闲观光农业实现又好又快地发展是当前亟待解决的问题之一。笔者认为，攀西民族地区发展休闲观光农业应遵循以下路径：

（一）发展休闲观光农业，满足休闲需求

随着人们生活水平的提高，休闲观光农业作为一种新兴产业，已成为发展的热点。首先，我们需要进行休闲产业的市场调研，了解人们的休闲需求，并根据需求制订休闲产品的研发计划，为消费者提供优质的休闲服务。其次，要优化环境，营造舒适的休闲氛围，满足消费者的需求。再次，提升休闲产业的服务水平，提高消费者的满意度，从而使休闲产业繁荣发展。最后，建立数据库，监督休闲产业的发展情况，加强管理，提高服务质量。

发展休闲观光农业，不仅是为了满足消费者的休闲需求，更是为了让人们拥有更多的娱乐活动，更好地享受生活。

（二）提高休闲资源的开发利用率，推动休闲观光农业的发展

休闲资源是一个地区非常宝贵的资源，攀西民族地区可以通过开发和利用这些资源促进社会与经济的发展。休闲观光农业近年来受到越来越多人的关注，一个地区的农业资源和美景可以被整合利用，吸引更多的人前来游览和休闲。那么，如何提高休闲资源的开发利用率，推动休闲观光农业的发展呢？

第一，政府部门在制定休闲观光政策时应加强合作，通过多个部门的协调合作，提高资源整合和利用的效率。第二，政府可以鼓励和支持地方企业和团体参与到休闲观光农业产业中，以获取更多的投资。第三，旅游业的专业人士需要加强对资源开发利用的研究，更好地利用土地资源和环境优势，将其转化为有价值的旅游和休闲观光资源，为游客提供更为丰富和精彩的体验。第四，加强公共设施和基础设施建设，提高游客的安全感和舒适感，促进旅游业的整体发展，提高地区形象、吸引力和经济效益。第五，需要注重本土文化特色的挖掘和保护，推动当地特色文化产业和产品的升级，让游客更好地认识当地的风土人情，感受其独特魅力。

提高休闲资源的开发利用率，推动休闲观光农业的发展离不开多方的合作和努力。通过开发和利用休闲资源，休闲观光农业的发展可以促进社会的发展，让消费者可以更加方便地享受休闲活动。

（三）优化休闲观光农业结构，促进休闲观光农业发展

休闲观光农业已经成为现代社会不可或缺的一部分。随着人们对旅游、休闲、娱乐等需求的不断增长，休闲产业迎来了广阔的市场机遇，但同时也面临着结构不完善等问题。因此，优化休闲观光农业结构、促进其持续发展，显得尤为重要。

优化产业结构需要明确休闲观光农业的发展方向。休闲观光农业涵盖旅游、娱乐、运动、文化、艺术等多个方面，因此，需要在政策和产业发展上明确定位，制订相关规划和政策。政府需要针对不同区域、不同消费群体，提供相应的休闲产品和服务，以更好地满足消费者需求。例如，在城市中，人们更加注重跑步、瑜伽等体育休闲方式，而在乡村，人们更喜欢户外拓展、农家乐等方式。技术在现代社会中扮演着重要角色，各地需要将其充分运用于休闲观光农业中。同时，政府需要加强对从业人员的培训和职业教育，以提高其专业素质，并

引导经济趋势，促进休闲观光农业的可持续发展。休闲观光农业的可持续发展需要更加重视环境、文化、社会等方面的责任。政府通过搭建框架、制定政策等措施，可以使休闲观光农业实现更加平衡、健康的发展，为未来的可持续发展提供保障。

优化休闲观光农业结构需要从多个方面着手，只有全面发挥产业的优势与潜力，将其发挥到最大化，才能实现休闲观光农业的发展和社会经济发展的双赢。

## 第二节　攀西民族地区发展休闲观光农业的优势和劣势

### 一、攀西民族地区发展休闲观光农业的优势

攀西民族地区发展特色农业具有无可比拟的优势，这些优势正是开发攀西民族地区休闲观光农业得天独厚的资源。

（一）生态环境优美的休闲优势

攀西民族地区具有多种气候特征，形成了独特的山地季风气候区，并拥有丰富的矿产资源，其中钒钛磁铁矿储量居世界首位。该地区还拥有多样的动植物资源，很多物种为珍稀濒危物种，如国家一级保护动物大熊猫、小熊猫。地形高低错落，水系众多，生物多样性丰富，汇集了1万余种植物。此外，攀西民族地区还是亚热带湿润地区，常年云雾缭绕，气候温暖，是适宜人类居住的地方之一。攀西民族地区拥有许多自然景观，使其成为令人向往的旅游胜地。

（二）民族文化丰富的休闲优势

攀西民族地区有多个少数民族长期居住，每个民族都有其特有的文化资源和旅游资源。这里是全球罕见的多民族群体、多文化形态共

生的地带，保留了丰富的自然和人文景观以及地方民族特色和浓郁地域风情的民俗文化遗产。每个民族都有独特的民族文化、歌舞、习俗、工艺品、服饰、建筑、饮食和节庆等，形成了攀西民族地区特有的文化景观。山水人文景观各异，为文化事业和文化产业提供了发展的土壤。该地区的民间文化资源十分丰富，包括彝族舞蹈、民族歌舞、民间民俗工艺品、民族服饰、节庆和饮食文化等。这里的民族文化资源不仅是攀西民族地区发展特色农业发展的重要基础，也能为旅游者提供独特的休闲体验。

（三）气候类型多样的休闲优势

攀西民族地区光热充足、雨量充沛，春季早、冬季长，非常适合多种作物的种植，同时也为攀西民族地区的特色农业和休闲观光农业的发展提供了良好的条件。

攀西民族地区也开展了生态旅游和农业观光等休闲观光农业项目，吸引了越来越多的游客前来参观和体验。这些项目不仅丰富了当地的旅游资源，还创造了就业机会，提高了当地居民的生活质量。

未来，攀西民族地区的休闲观光农业将继续发展壮大。政府部门将进一步加大对当地农业的支持力度，推广高效农业技术，吸引更多优秀人才加入到农业生产中来。同时，攀西民族地区的休闲观光农业也将朝着精品化、特色化方向发展，为游客提供更加优质的服务和体验，进一步推动当地经济的发展。

## 二、攀西民族地区发展休闲观光农业的劣势

（一）人才队伍建设不足

攀西民族地区的休闲观光农业是其重要的经济发展领域，但是目前休闲观光农业的人才队伍建设不足等问题制约了休闲观光农业的发

展。首先，攀西民族地区休闲观光农业管理水平落后，缺乏一套完备的休闲观光农业管理体系，影响了休闲观光农业的发展，使休闲观光农业发展缓慢且滞后。其次，休闲观光农业的人才队伍建设不足，缺乏专业的休闲观光农业人才，使得其在发展过程中缺乏引领者，影响休闲观光农业的发展步伐。再次，休闲观光农业的基础设施建设和技术研发水平落后，缺乏必要的基础设施和技术，制约了休闲观光农业的发展。攀西民族地区对休闲观光农业的重视程度不够，缺乏有效的政策引导，使得休闲观光农业的发展受到限制。

攀西民族地区休闲观光农业的人才队伍建设不足，是制约其发展的重要因素。因此，攀西民族地区应该加强休闲观光农业管理，壮大人才队伍，加强基础设施建设和技术研发，并加大政策引导力度，以促进休闲观光农业的发展。多年来各地农村的劳动力特别是高素质劳动力大都流向城市，造成农村劳动力趋于低素质和老龄化，这成了当前农村发展中的重要问题。留在农村的劳动力能力相对较弱，开拓能力较弱，因此妨碍了农村劳动生产率进一步提高。农民受教育程度偏低，文化素质不高，致使他们对科技的使用需求也很有限。当前，农村中比较多的家庭对非农收入的依赖性较大，纯农收入比例大幅减少，其结果是农业经营越来越粗放，土地生产率与利用率都比较低。

（二）休闲产品供给的劣势

1. 缺规划，少特色

攀西民族地区以其独特的自然风光和丰富的民族文化而备受游客青睐，休闲观光农业在这里有着巨大的发展潜力。然而，缺乏规划和特色成为制约其发展的关键因素。首先，缺乏有针对性的休闲观光农业规划导致了无序发展，使得市场规律无法有效运作，这直接影响了该地区休闲观光农业的健康发展。其次，休闲观光农业的特色较为匮乏，缺乏创新性和吸引游客的特色景点，这使得其在市场上缺乏竞争力，进而影响了其长期发展。最后，休闲观光农业的管理水平也相对落后，缺乏完备的管理体系，这导致了发展的停滞和滞后现象的出现。

攀西民族地区休闲观光农业的规划缺失和特色不足成为制约其发展的重要因素。因此，攀西民族地区迫切需要采取一系列措施来解决这些问题，包括完善规划、探索创新性发展模式、打造独特的特色景点以及加强管理水平，以期提升休闲观光农业的整体发展水平。

2. 缺科技支持，少效益

攀西民族地区作为备受瞩目的旅游胜地，其休闲观光农业拥有巨大的发展潜力。然而，由于缺乏科技支持和效益不足，其休闲观光农业的发展遇到了一定的困难。首先，攀西民族地区的休闲观光农业发展缺乏必要的科技支持，这导致其发展缓慢且滞后。其次，休闲观光农业的效益不佳，采取的发展模式缺乏可持续性，缺乏足够的效益支持，这使得休闲观光农业缺乏发展动力，影响其长期发展。最后，休闲观光农业发展缺乏必要的投入，然而地方政府的财政投入却相对较少，这也制约了休闲观光农业的发展。

攀西民族地区休闲观光农业的发展面临着科技支持不足和效益问题，这成为制约其发展的重要因素。因此，攀西民族地区亟须采取措施，加大技术投入力度，构建可持续的发展模式，提升休闲观光农业的效益并增加财政投入，以促进休闲观光农业的发展水平的提升。

攀西民族地区休闲观光农业的发展缺乏科技支持，导致效益不佳。这是其休闲观光农业发展的重要瓶颈。因此，攀西民族地区应该采取加大技术投入，构建可持续的发展模式，提升休闲观光农业的效益。

3. 失农味，少组织

在一些地方，休闲观光农业的开发显得过于粗放，未实现整体协调。部分地区倾向于采用非自然技术手段、追求奢华和大规模建设，这导致土地使用形态的改变，加速了城市化进程。此外，过度装饰的建筑逐渐显现，这违背了休闲观光农业与自然资源相结合的本质，使得项目与"农"字脱节，农味丧失，特色消失，吸引力减弱。

攀西民族地区的休闲观光农业发展仍处于初级阶段，项目质量良莠不齐。部分农户仅采用共同经营的方式，缺乏组织体制，导致在盈余分配、权利义务分担等方面存在矛盾和争议。此外，休闲观光农业项目分布零散，组织化程度不高。这些项目之间缺乏有机联系，各自为政，与整体环境协调性不足，也难以与新建项目结合，难以融入乡村振兴的总体布局之中。

大多数攀西民族地区的休闲观光农业经营者为农户，其生产的产品主要依赖个体劳动者的劳动成果，规模化生产能力较弱。经济效益主要依靠劳动力投入和销售价格的提高。然而，这些产品同质化严重且缺乏组织化产出，市场效益较差，吸引力不足。因此，攀西民族地区的休闲观光农业需要注重规模化、组织化建设，增强产品的差异化和竞争力，方能实现更好的发展。

（三）政策扶持力度不够

当前，攀西民族地区农民群众对发展旅游业有热情，但许多地方政府尚未出台优惠的休闲观光农业开发政策，在税收、贷款、土地、工商理、粮食、医疗等方面都缺乏相应的政策扶持。这导致攀西民族地区休闲观光农业的发展仍处于初级阶段。各地休闲观光农业项目质量良莠不齐，在没有政策、规定的情况下，难以保障其健康可持续发展。

一是土地流转困难。攀西民族地区休闲观光农业的发展受到土地流转的限制。首先，土地流转条件复杂，政府政策规定繁琐，使得流转过程复杂缓慢，影响了休闲观光农业的发展。其次，土地划定不清晰，导致投资者难以找到合适的土地，进而影响了休闲观光农业的发展。最后，土地租赁制度不利于休闲观光农业的发展，租赁期限短、费用高，难以实现可持续发展。因此，政府应加强政策监管，完善土地流转条件，明确土地划定，优化土地租赁制度，以促进休闲观光农业的发展。

二是缺乏科学、高效的管理组织与方法。攀西民族地区休闲观光农业的发展需要科学、高效的管理组织与方法。由于政府管理不足，休闲观光农业的发展受到了一定的影响。首先，当地政府组织管理能力不强，不能有效地促进休闲观光农业的发展，未能对休闲观光农业的发展产生积极的影响。其次，当地政府管理方法不够科学，即使采取了一些政策措施，也不能有效地促进休闲观光农业的发展。最后，当地政府缺乏执行力，无法保证政策的有效实施，也无法确保休闲观光农业的发展质量。因此，当地政府应该加强有效的组织管理，制定更加科学的管理方法，建立有效的执行机制，以促进休闲观光农业的发展。

## 第三节　攀西民族地区发展休闲观光农业的路径选择

### 一、加强扶持和管理

攀西民族地区应采取积极措施，推动休闲观光农业的快速、可持续发展。休闲观光农业作为现代服务型农业经济的新模式之一，具有巨大的发展潜力。在国家政策的引导下，休闲观光农业已成为带动农民增收、推动农村经济社会全面发展的重要途径。发展将农业生产、旅游观光和休闲度假融为一体的休闲观光农业，有助于攀西民族地区特色农业的转型升级，同时满足旅游消费的转型升级需求，培育新的消费业态，提高居民的幸福感。

（一）加大资金投入和专门人才培训力度

休闲观光农业的发展同其他行业一样，需要巨额资金投入。随着我国经济实力增强和人民生活质量的提高，以及乡村振兴战略的实施，休闲观光农业在农村地区获得了前所未有的发展机遇。然而，攀西民族地区的休闲观光农业目前还存在资金投入不足、融资渠道单一、投资效率低下和经营主体竞争力不强等问题，这些问题制约着攀西民族地区休闲观光农业的持续健康发展。休闲观光农业是一种新型的旅游方式，是以农村为依托，在农闲时期提供农业休闲观光服务，让游客到农场中享受田园风光、了解乡土文化、品尝农家美食等。在当前经济社会飞速发展的背景下，城乡居民的生活水平不断提高，休闲观光农业的发展前景十分广阔。

为促进休闲观光农业的持续健康发展，攀西民族地区应该加强资金的投入和支持，逐渐建立健全休闲观光农业的投入机制，并按照"政府扶持、社会参与"的原则，支持区县级（含县级）以上的休闲观光农业示范园区和休闲农庄的建设发展。政府还应该加大对休闲观光农业重点建设项目的补贴力度，鼓励休闲农民合作社的认定和奖励，加大休闲观光农业人才的培养和整体宣传推介力度，为其发展提供更广阔的空间，进一步优化产业结构，带动农民就业和增加农民收入，加快城乡一体化发展进程。

1. 加强休闲观光农业从业人员培训与管理

从攀西民族地区休闲观光农业发展现状来看，休闲观光农业从业者多为农户，其学历并不高，其经营理念及创新能力受到限制，极大地阻碍了攀西民族地区休闲观光农业健康快速地发展。在这种形势下，如何提高其经营能力和水平已成为亟待解决的问题。另外，缺乏专业人员的指导，致使休闲观光农业经营者很难在实践中应用所学到的知识和技术。因此，如何提高从业人员的综合能力和职业素养，使其成为合格的休闲观光农业的经营管理人员就显得尤为迫切。因此，加强对休闲观光农业从业人员的培训就显得尤为重要。当前攀西民族地区休闲观光农业从业人员的专业素质较低，并且缺少对休闲观光农业从业人员提供专业指导和管理的专门机构。另外，随着社会经济发展和人民生活水平的不断提升，人们更加追求高品质生活，对于休闲观光农业也有了更高的要求，这就需要攀西民族地区相关部门重视休闲观光农业的发展。政府应积极开展培训工作，为休闲观光农业相关工作人员提供专业培训。

2. 政府规范培训与管理

攀西民族地区各级政府要出台有针对性的政策，对休闲观光农业的有序发展进行规范；要针对休闲观光农业从业人员开展知识技能的培训，提高其从业能力和素质水平，从而促进并带动攀西休闲观光农业旅游业的快速、健康、持续发展。同时，政府还应该加强对休闲观光农业旅游从业人员的职业技能教育与培训。当前，国内许多地区都在着手对休闲观光农业从业人员进行相关培训。

（二）实行政策优惠

政策供给在经济发展中常起着导向作用。因此，在休闲观光农业蓬勃发展的今天，攀西民族地区政府应切实落实休闲观光农业的相关税费优惠政策，并积极扶持休闲观光农业持续发展。企事业单位和个人在地方相关税费上享有优惠政策；攀西民族地区在制定扶持政策时，应考虑到当地的实际情况和农民群众承受能力；认真执行涉农贷款奖励政策，鼓励金融机构对休闲观光农业的发展给予信贷支持；完善休闲观光农业的税收政策，促进旅游资源与文化相结合，加强有关政策的衔接，力争对农家乐经营户实行营业税减免政策，对休闲观光农业场所出售自产初级农产品和初级加工品实行免税政策，对休闲观光农业用电实行优惠政策。

为促进攀西民族地区休闲观光农业的发展，政府应结合该地区的实际需求，制定相关的政策措施并提供优惠政策。第一，加大休闲观光农业的宣传力度，并安排专项资金支持农业生态旅游产业的发展；通过各种形式引导农民利用农闲时间到旅游地务工或创业，并给予资金补助，鼓励农村剩余劳动力向非农产业转移就业。第二，将农业生态旅游企业认定为农业企业，并按有关规定减免企业所得税、土地所得税，对经营管理好的单位和个人给予奖励。第三，金融等相关部门应重点扶持农业生态旅游景点的开发，发放扶贫贷款并给予小额贷款倾斜扶持，帮助农业生态旅游的从业者获得融资支持。政府应采取措施对农业生态旅游产业进行补贴；应将农业和旅游建设有机融合，民政及其他部门要支持农业和农村项目的发展，包括农业生态旅游景区建设、新农村建设及其他工程的建设。第四，政府应鼓励企业主动参与"农产品加工促进行动""农产品质量安全绿色行动""农业科技提升行动"等相关计划，加强科技富民强县工程、乡村清洁工程、太阳能工程等项目的建设。政府还应对荒山、荒坡、荒滩进行开发整理，提高土地利用率，改善农业生产条件，保护生态环境，提高农业综合生产能力。相关部门应对项目建设的安排、经费拨付等方面给予帮助。

（三）制定统一规范制度

休闲观光农业的场所既有农户家庭（作为接待单位），也有基于村落城镇的旅游集聚区。各级政府部门应在营造农村环境氛围、设计农事活动项目、统一管理和整体运作方面发挥作用，将其纳入农业生产范畴。我国在"十二五"期间提出大力发展旅游产业，将旅游产业培育成国民经济新增长点和重要支柱产业之一，而作为旅游产业链条上重要一环的休闲观光农业将成为未来发展方向。政府应该在宏观管理、组织机构、财政政策、法规制度、贸易许可、技术支持、合同签订、补贴发放、税收优惠等方面，为休闲观光农业的持续健康发展提供政策保障。政府应对农民休闲观光农业的经营行为进行统一规范化管理；应制定专门的法规文件，对从事休闲观光农业生产的农户进行分类指导，使其明确自身责任，自觉地遵守国家相关法律法规。

## 二、以市场需求为导向

在攀西民族地区，发展休闲观光农业项目需要与市场需求相结合进行创新。项目的开发应遵循奇趣性、参与性、多功能性和地方特色等原则，以确保形成稳定长效的发展模式。政府在这一过程中需要制定相关法规政策，并加强引导扶持。考虑到攀西民族地区农业特色的多样性，休闲观光农业产业化发展需要将本地特色农业与民族文化相结合，提高农业旅游业的集约度，重视深度旅游的发展，并充分挖掘乡村旅游资源潜能，展现攀西民族地区别具风韵的乡村风情和民族风情。

休闲观光农业作为旅游业的一个新兴领域，起步较晚，但随着近年来全球经济一体化的加快，国内许多地方都将旅游产业纳入本地国民经济建设规划之中，并取得了显著的成效。因此，在休闲观光农业项目的布局中，攀西民族地区应注意对接客源市场，综合考虑项目所处区域的交通条件和地理位置，以及与周边休闲项目、名胜古迹和其他风景区之间的联系。此外，旅游产品由多种元素组成，这些元素具有各自独特的功能，因此，休闲观光农业项目应突出不同地区所独有的地域特征，并充分利用这些特征来满足游客的需求。

## 三、实现产业化发展

休闲观光农业产业化是一种以休闲观光农业为先导的过程，需要通过协同发展相关产业，进一步推动农业休闲旅游市场化和规模化发展。产业化使现代化和国际化成为可能，并奠定了农业休闲旅游产业集群化发展的基础。不同于传统的农业销售方式，休闲观光农业产业化需要以实物形式向消费者展示。它将休闲观光农业视为一个完整的产业系统，并基于市场需求，将区域内的旅游资源、环境、人才、旅游管理以及其他方面的优势转变为旅游业的优势，从而提升其产业竞争力。

（一）休闲观光农业产业化与现代农业发展

休闲观光农业产业化是现代农业和旅游业相结合的产物，也是新时代农业产业结构调整的重要内容之一。农业休闲旅游产业是一个新兴产业，也是我国现代农业经济中最具活力与生机的一个重要组成部分。这决定了农业休闲旅游产业化经营要在农业产业化前提下，将吃、住、行、购、娱、游融为一体。

（二）发展休闲观光农业产业化的关键

走休闲观光农业产业化发展之路，需要做到以下五点：第一，要因地制宜，注重农业、农村文化的传承和保护，结合乡村振兴、耕地资源保护和生态环境保护，挖掘休闲观光农业的社会价值和科普价值，以机制为保障，打牢休闲观光农业产业化发展的基础，切实加大财政支持力度，为健康可持续发展提供强有力的资金保障。第二，要正确处理休闲观光农业产业开发与大农业产业之间的关系，充分利用现有农业生产和农村生活资源，抓住休闲观光农业的发展机遇，通过大力发展休闲观光农业，带动特色农业产业和生态农业产业的快速发展，促进农产品加工产业的发展，进一步发挥休闲观光农业产业在农业产业化经营中的聚合和龙头作用。第三，需要进一步加强休闲观光农业的行业干部队伍建设，加强行业引导、服务和监督职能，切实加大对农村实用人才的培养力度，提升从业农民的科学素质和服务技能水平。第四，要重视维护农民的利益，继续探索各种利益结合机制，使农民收入和产业实现同步发展，发挥休闲观光农业对农民增收的促进作用。第五，需要强化学科建设和理论研究，深刻总结和提炼有效的休闲观光农业发展模式，不断扩大休闲观光农业的内涵和外延，切实加强产学研合作，提升休闲观光农业产业的服务能力，发挥综合效益，提高休闲观光农业产业化管理的现代化水平。

（三）休闲观光农业产业化的市场前景

随着经济的快速发展、城镇化的速度加快，人们对休闲文化和休闲产业的需求日益增多，而休闲观光农业旅游作为乡村旅游的一种形式，自然成为市民闲暇时的第一选择，这为休闲观光农业提供了巨大的潜在市场。随着城市化进程的不断推进，越来越多的城市居民开始关注农村，他们渴望亲近大自然、回归大自然，并享受田园生活。休闲观光农业旅游作为乡村旅游的组成部分，其产业化发展必然能够促进区域农业的高效生产，提升区域旅游业的竞争力。

近年来，攀西民族地区积极开发休闲观光农业旅游，得到四川省政府的支持与投入，取得了一定成绩。然而，随着休闲观光农业旅游项目的遍地开花，休闲观光农业的规模较小、集约化程度较低、竞争力弱等问题也随之出现。因此，如何提高休闲观光农业旅游资源的质量，实现经济效益与社会效益的双赢，已成为当务之急。加强休闲观光农业产业化开发，是解决这些难题的首要举措，也是推动传统农业向现代农业转型的重要措施，这必然不可避免地导致农业产业形态的不断更新。

（四）加强合作，节约成本

为了避免重复设计和资源浪费，同类或相似经营的地区应加强合作，实现互惠互利。在产业链延伸方面，应避免盲目模仿。近年来，虽然攀西民族地区工业化和城市化水平得到了提升，但居民收入差距逐渐扩大，这严重制约了农村劳动力的就业。攀西民族地区需要通过建立"农旅一体化"模式，以旅游业为龙头，带动当地农村经济社会可持续发展；建立完善的配套服务设施，并吸引周边居民参与游玩；加强与周边旅游和餐饮企业的合作，提升效益，拓展经营领域，实现外部经济效应。政府应积极引导旅游业和农业产业融合，促进区域经济一体化，同时鼓励企业进行并购和整合，增强市场竞争力。

休闲观光农业开发多集中于农村，应强化农户间的合作。农村专业合作经济组织是解决这一问题的良好途径。攀西民族地区已有一些地方组建了农村专业合作经济组织的试点工作。农村专业合作经济组织主要指从事一定专业生产或管理的农民，以克服个体劳动孤立、分户经营的局限性。农村专业合作经济组织是基于家庭承包经营，建立在自愿互利、民主管理和协作服务等原则下，通过协议或共同经营等方式建立起来的民间服务性合作组织。与一般商业企业不同的是，农村专业合作经济组织具有公共品性质，其产品不是公共物品而是私人物品，因此政府需要提供政策支持并进行有效监督。鉴于休闲观光农业具有外部性和公有性等特征，农村专业合作经济组织的推行可以真正实现资源共享的目标。

（五）强化龙头企业带动作用

"十四五"期间，我国要打造一批有影响力的休闲观光农业知名品牌，举办节庆活动，引导休闲消费热点，增强产业影响力，提高社会认知度和产品知名度，提升全国休闲观光农业发展水平，促进经济社会效益的提升。因此，攀西民族地区需要强化龙头企业的带动作用，支持并引导小型企业或经营者共同实现规模效益。

为强化龙头企业的引领作用，攀西民族地区需要加强服务来营造良好的经营环境：第一，建立良好的利益分配机制，积极引入涉农涉旅企业，并允许农村以土地、人力入股，发挥双方优势，最大限度地发挥作用。第二，壮大农村集体经济实力，促进农民增收致富。第三，做好龙头企业的发展规划，调整和完善发展计划、政策措施和实施方案，培养有创新能力的人才，提高经营效益。第四，要加强基地建设，培育规模大、效益好、覆盖面广的龙头企业，实现资源配置和公平竞争。第五，要建立"龙头+基地+农户"的运行机制，支持龙头企业扩大规模。加大对龙头企业的投资力度，引导各种资金集中到龙头企业，发展壮大农业产业化。同时，要完善财政支持体系，促进龙头企业健康快速发展壮大，实现资源共享的目标。

## （六）加强攀西民族地区行业协会的建设

加强各相关行业协会的建设，发挥它们在引领攀西民族地区休闲观光农业方面的作用，充分利用不同层次涉农、涉旅部门之间的广泛联系。借助休闲观光农业业界、学界等各领域的交流优势，开展调研与指导工作。作为企业与政府之间的桥梁纽带，行业协会可以为会员及其单位提供必要的项目建议、规划指导以及其他服务。通过科学、高效的方式，指导企业实现科学、健康发展，推动休闲观光农业企业有序竞争和可持续发展。

休闲观光农业协会的建立和发展需要政府和企业的支持。虽然行业协会是一种非营利性的社会中介组织，但它开展活动时需要一定的资金支持。我国已有一些地方建立了休闲观光农业协会，其资金主要源于会费，但在开发初期，行业协会的数量有限。虽然行业协会发展较快，但经费来源渠道单一且缺乏相应的保障措施。因此，政府应为行业协会提供资金、人才和办公条件的支持，并加强对行业协会的管理和监督，以更好地发挥其作用。然而，政府无法覆盖所有方面，因此行业协会应坚持为社员提供全方位服务的宗旨，以服务增强凝聚力。

休闲观光农业协会的发展应以发起者的需求为前提。目前，许多地方都建立了休闲农庄或旅游度假区协会，表明休闲观光农业协会已成为一种新的组织模式。虽然我国尚未建立省级以上的休闲观光农业协会，但随着社会经济的发展和人民生活水平的提高，休闲观光农业协会已成为人们关注的热点之一。攀西民族地区有许多休闲农庄，休闲观光农业企业蓬勃发展，各级政府和企业应积极构建休闲观光农业协会，为发展休闲观光农业创造更多有利条件。

# 第五章 攀西民族地区乡村振兴旅居康养业发展路径

随着我国老龄化社会的到来，老年人口数量不断增加，社会各界开始关注如何满足老年人对物质和精神方面的需求。旅游作为缓解紧张压力的良好方式，受到越来越多老年人的青睐。旅居康养业作为一种新兴的旅游业态，不仅能满足老年人的身体和精神需求，也对缓解现代人的精神压力有所帮助。因此，发展旅居康养业对于提高人民的生活品质有着至关重要的意义。

本章的主要目的是通过分析国内外相关文献和理论基础，探讨旅居康养业发展的趋势，并对攀西民族地区的休闲度假旅游市场进行分析。随着我国社会经济的不断发展，人们的生活水平和消费水平逐步提高，人们对休闲度假的需求也越来越多。因此，旅居康养业作为一种新型业态应运而生，并得到快速发展。

随着老龄化、环境污染、城市亚健康等问题日益凸显，人们对身心健康的关注也越来越多，尤其是老年人已不再满足于传统旅游方式，而是转向旅居康养模式。旅游和健康服务的融合发展符合市场需求，具有广阔的发展前景。因此，如何有效融合这两个行业已成为亟待解决的问题。攀西民族地区全面发展旅居康养业，不仅可以推动旅游业的转型升级，还能拉动其他产业的发展，提高当地居民的生活水平。

## 第一节　旅居康养的含义

旅居康养，即将旅居和康养相结合，形成一种复合型康养模式，以实现促进身心健康的目标。旅居康养的核心在于寻求良好的生活环境，改善身心健康状况，提升生活品质。它既能够改善身体健康状况，又能够调节心理状态，从而提高生活质量。

旅居康养是一种健康的旅游方式，涉及旅游文化、休闲娱乐、健身活动、文化艺术等多个领域。它不仅可以增强体质，提高生活品质，还能够增强社交能力，促进人际关系的建立。通过旅居康养，人们可以放松心情，改善身心健康状况，获得更高品质的生活。此外，旅居康养还能够改善心理状况，缓解压力，增强自信心，稳定情绪和提高抗压能力。

旅居康养为人们提供了一个轻松的环境，能够有效改善身心健康状况，提高生活质量，促进社会的发展。它是一种有效的增强健康的方法，能够帮助人们增强身体素质和运动能力，减少慢性疾病的发生。

此外，旅居康养能够帮助人们更好地掌控自己的情绪，减少焦虑和抑郁情绪，提高情绪调节能力与心理抗压能力。作为一种有效的心理调节方式，旅居康养具有多种积极的作用，包括改善心理状态、增强自信心、缓解工作和生活压力，甚至可能促进专业技能的提升等。

### 一、旅居康养业定位

在《国家康养旅游示范基地标准》中，旅居康养（health and wellness tourism）是指通过养颜健体、营养膳食、修心养性、关爱环境等各种手段，使人在身体、心智和精神上都达到自然和谐的优良状态的各种旅游活动的总和。这一概念在国外早已成熟并取得了显著成效，国内也开始出现了一些相关研究成果。在这一背景下，如何解决人口老龄化问题成为当前社会各界关注的焦点问题之一。我国目前正处于老龄化社会进程之中，老年人口数量较大且逐年增长，这给养老服务提出了更高的要求，也为养老服务业带来了发展机遇和挑战。旅居康养业作为一种新型旅游业态，已成为当今国际旅游业中的一个新兴热点。

旅居康养业旨在满足高收入人群的养生需求，为游客提供具有舒适、安全、健康、自然等特点的养生体验服务，并面向游客提供优质的旅居康养服务。这一产业的发展不仅可以提高养生服务质量，还可以推动当地经济的发展，为当地的旅游业和特色产业发展提供有力支持。

旅居康养业的发展还可以创造更多的就业机会，为当地居民提供更多的工作机会。同时，开发更多的旅居康养资源、提供更多的养生和康复项目以及更加完善的服务，可以让游客在短时间内获得更好的养生和康复效果。要发展旅居康养业，需要综合考虑地区的资源和环境、经济水平、基础设施建设情况，并结合主导产业进行建设，要充分利用区域优势，充分挖掘地理位置的综合优势。在具体定位时，需要根据项目所在城市的实际情况，从地理位置和自然环境等方面出发，将区域划分为多个功能区。不同类型的旅居康养业对资源环境的依赖程度有所不同。在产业定位方面，需要结合当地产业发展优势和不同旅居康养业对影响因素的依赖程度，明确产业发展方向。

## 二、旅居康养业发展模式

旅居康养项目的建设和发展模式主要依赖现有的特色资源，并通过扩展和升级来扩大规模。从国内外的典型案例来看，不同地区或国家的特色资源在旅居康养领域中发挥着重要作用，形成了各具特色的优势，但也存在一定程度上的同质化问题。因此，政府应该根据旅居康养业所在的具体位置，考虑地理位置和自然环境等方面将工程所处区域划分为多个功能区。不同的功能定位决定了各区域具有不同的发展方向和侧重点。

（一）生态养生康养

生态养生康养是一种综合的健康管理方法，它融合了中医的调理方式、现代医学的治疗思想以及自然环境的护理技术。它以阴阳平衡为基础，以调节人体内部气血循环为核心，通过改变生活方式和营养状况来调节人体内气血，从而达到调节人体机能、改善身体健康状况的目的。

（二）运动休闲康养

运动休闲康养是一种科学的健康管理方法，即将运动、休闲和养生技术结合起来，以调节人的身心平衡为目标，帮助人们达到健康状态。它强调了身体运动、心理休闲和自我养生三个方面的综合发展，通过个同的运动类型和休闲活动，帮助人们实现身心的和谐，从而达到健康的目的。目前，我国出现了许多不同类型的体育旅游产品，如滑雪和攀岩等，其中以滑雪等户外运动为代表的休闲度假体育旅游产品是主要发展方向。这种旅居康养业的特点是通过参与和组织各种活动来为消费者提供服务。其主要形式是家庭旅游和社区参与式运动休闲娱乐项目。旅游产品具有体验性、文化性和娱乐性的特点。在旅游过程中，人们不仅可以享受身体上的快乐，还可以享受精神上的愉悦。一般的消费主体主要是身心健康程度较好、对生活质量要求较高的游客。随着社会经济的发展和人们健康意识的提高，这种类型的产业将会越来越受到重视。

（三）休闲度假康养

休闲度假康养旅游提供的是个性化的康养旅游服务，是一种消费商品，包括休闲娱乐设施的开发及相关内容，如休闲观光和养生养老等。目前，人们对健康、舒适和愉悦的追求已经成为一种时尚，休闲旅游已经成为现代生活中不可或缺的一部分。消费者通过这种旅居康养活动达到身心放松的目的。因此，在这种休闲观光形式下，产生了一种将"休闲"和"保健"相结合的新型旅居康养产品。这种旅居康养业以旅游者为主体，经营者和政府组织参与，其行为模式包括自驾游、自助游、定制游等。其中，自驾游、自助游属于自由型的旅游，而定制游则属于规模型旅游。旅居康养的特点是停留时间长，客人的消费需求以休息和享受生活体验为主。

（四）医疗保健康养

医疗保健康养是一种科学的健康管理方法，主要以改善和维护人体健康为目标。医疗保健康养通过正确的饮食习惯、适当的运动锻炼，以及定期的体检等方法，调节身体各种机能，提高机体免疫力，增强生命力，有效地保护和改善人体健康，为人们提供优质的医疗保健服务。随着我国国民经济的不断发展，人们对精神生活高质量的需求也在不断增加，医疗保健康养活动正在蓬勃发展。

目前，国内已有许多领域建立了具有规模的旅居康养基地，并取得显著成效。医疗保健康养逐渐成为国内外学者研究的热点之一。从全球范围来看，医疗保健和旅居康养已成为人们休闲娱乐的重要方式。中医药文化与养生保健有着紧密的联系，因此将中医药融入健康疗养中，是满足旅游者个性化、多元化和多样化需求的有效途径。

（五）文化养生旅居

文化养生旅居是一种结合文化与养生的旅行方式。文化养生旅居通过参观名胜古迹、博物馆等方式更深入地了解当地文化，增长知识，有助于调整身心状态，真正实现文化养生之旅。文化养生旅居主要以禅修、道教和佛教等非物质层面的传统文化为养生资源。随着经济的发展和人民群众精神文化需求的提高，旅居康养产业发展具有广阔的空间，也带动了整个社会经济的快速发展。规划和发展旅居康养产业，应以科学发展观为指导，坚持以人为本的原则，注重生态优先。

## 第二节　攀西民族地区乡村振兴发展旅居康养业的必要性及优势

攀西民族地区具有发展旅居康养业的必要性与条件。首先，随着我国老龄化社会的到来，人们对身心健康的关注不断增加，尤其是在攀西民族地区，由于地域偏远、经济相对落后等因素，民众的健康水平相对较低，因此发展旅居康养业是必然要求。其次，攀西民族地区自然资源丰富，山清水秀、空气清新，适宜开展各类康养活动。这种独特的自然环境为发展旅居康养业提供了得天独厚的条件。再次，攀西民族地区深厚的文化底蕴，如独特的民俗文化、丰富的民族风情等，为发展旅居康养业提供了丰富的文化资源，有助于增强旅客的体验。最后，乡村振兴战略的实施为旅居康养业的发展提供了政策支持和经济保障，促进了当地经济的多元化发展和民生改善。因此，攀西民族地区乡村振兴发展旅居康养业不仅能够促进当地经济社会可持续发展，还能提升民众生活品质。

## 一、发展旅居康养业的必要性

### (一) 促进旅居康养业发展，实施健康中国战略

攀西民族地区是中国西南部的一个多民族聚居地区，拥有丰富的自然资源和独特的民族文化，同时也面临着一系列的挑战。在实施健康中国战略①的过程中，发展旅居康养业对于提升当地居民的健康水平、推动经济发展、促进文化传承等方面都具有重要意义。

首先，攀西民族地区发展旅居康养业可以为健康中国建设注入新的动力。随着中国经济的快速发展和人民生活水平的提高，人们对健康的关注度越来越高。旅居康养业以其独特的健康理念和服务模式，能够满足人们对健康的多样化需求，为健康中国建设提供了重要的支撑和保障。

其次，发展旅居康养业有助于提升攀西民族地区的经济发展水平。该地区地处高原，气候宜人，山清水秀，是理想的旅居康养地。开发当地的自然资源和民族文化资源，建设旅居康养基地和旅游景区，可以吸引更多的游客前来旅游观光，带动当地旅游业的发展，增加就业机会。

再次，旅居康养业的发展可以促进攀西民族地区的文化传承和民族团结。该地区拥有丰富多样的民族文化资源，包括彝族、藏族、纳

---

① 习近平总书记在党的十九大报告中提出"实施健康中国战略"。健康中国战略是一项旨在全面提高全民健康水平的国家战略，是在准确判断世界和中国卫生改革发展大势的基础上，在深化医药卫生体制改革实践中形成的一项需求牵引型的国民健康发展战略。健康中国战略要坚持以人民为中心的发展思想，牢固树立并贯彻落实创新、协调、绿色、开放、共享的新发展理念，坚持正确的卫生与健康工作方针，坚持健康优先、改革创新、科学发展、公平公正的原则。"共建共享、全民健康"是建设健康中国的战略主题，其中共建共享是建设健康中国的基本路径，全民健康是建设健康中国的根本目的。党的二十大报告提出了到 2035 年"建成健康中国"的目标要求，将其作为基本实现社会主义现代化总体目标的重要组成部分，对全面推进健康中国建设提出了新的更高要求。

西族等多个民族的文化遗产。挖掘和传承当地的民族文化，开展文化体验活动、民族节庆表演等，可以增强民族凝聚力，促进民族团结，实现文化的传承和发展。

最后，发展旅居康养业还可以改善攀西民族地区的生态环境和人民健康水平。作为中国西南部重要的生态区域，攀西民族地区拥有着丰富的生态资源和优美的自然风景。发展旅居康养业，可以加强对当地生态环境的保护和治理，改善空气质量，为当地居民提供更好的生活环境，促进人民身心健康的全面提升。

总之，发展旅居康养业是实现健康中国战略的重要举措，也是推动攀西民族地区经济社会发展的重要途径。在政府的支持和社会各界的共同努力下，相信攀西民族地区的旅居康养业一定会蓬勃发展，为健康中国的建设贡献出更多的力量。

（二）有助于攀西民族地区乡村振兴战略目标的实现

在攀西民族地区，发展旅居康养业为实现乡村振兴战略带来了新的契机。旅居康养业的发展不仅为农业生产、康养产业的加工制造、流通及服务等环节提供了新的整合与融合机会，还推动了乡村产业结构的升级，为攀西民族地区乡村振兴注入了新的活力。

攀西民族地区的农村地区拥有得天独厚的生态环境资源，如秀丽的山川、茂密的森林、清澈的湖泊等。基于这些生态资源的优势，发展攀西民族地区的乡村旅居康养业能够构建和谐的自然与人文景观，为人们提供美好的享受体验。这种体验不仅能够舒缓心灵，还有助于调节人的免疫系统，起到保健与治疗的作用。同时，发展旅居康养业还能促进农村经济结构的转型，增加农民收入，实现共同富裕的目标。

随着人们生活水平的提高，越来越多的家庭开始关注自身健康问题，旅居康养逐渐成为备受欢迎的休闲方式，也是旅游业发展中的新亮点。通过科技创新的力量，旅居康养业成为农业与康养产业合作交流的纽带，将健康与美丽结合起来，同时也拓展并提炼了传统农耕文化。攀西民族地区通过创建现代农业体系，实现了在健康领域的新突破，为乡村振兴注入了新的活力。

## 二、攀西民族地区发展旅居康养业的优势

### （一）气候优势

攀西民族地区的海拔为 1 000~1 200 米，属于南亚热带立体气候，其气候特点为垂直变化大、日照充足、降雨集中等。由于地形地貌的影响，攀西民族地区形成了许多独特的地理环境和自然条件。

攀西民族地区的气候优势表现在四季较为温和，冬季温暖而夏季不过热，全年无严寒季节。攀西民族地区冬季气候稳定，日照充足，空气负氧离子含量高，有利于人体健康。

攀西民族地区的冬季气候条件特别适合旅游度假和康养休闲。攀西民族地区冬季气温低、日照少，但空气湿度大，有利于动植物的生长繁殖。攀西民族地区的冬季是旅游的旺季，尤其适合老年人和亚健康人群在寒冬避寒、旅居康养。

攀西民族地区以其独特的地理环境和气候条件，为发展旅居康养业提供了得天独厚的优势。

### （二）旅游资源优势

攀西民族地区有着丰富的旅游资源，可利用以下两类资源发展旅居康养产业：

#### 1. 旅居康养资源

在探讨攀西民族地区旅居康养资源时，首先需要考虑攀枝花市和凉山州丰富的旅游资源。

攀枝花市拥有独特的自然景观，如石林、瀑布、溶洞、原始森林、

温泉以及世界第三高的大坝——二滩水电站。这些景点吸引了大量游客，其中水墨二滩、大黑山、攀钢、红格氡温泉、米易龙潭溶洞等更是备受瞩目。此外，攀枝花市还拥有丰富的矿产资源，为地区经济的发展提供了坚实支撑，使其成为中国西部地区的一个重要经济增长极。

凉山州的旅游资源也同样令人惊叹，涵盖了民族文化、自然生态和航天科技游览等领域。该地区拥有多达160余处代表性景点和名胜古迹，包括国家级风景名胜区泸沽湖、邛海、螺髻山，以及省级风景名胜区彝海结盟纪念馆等。这些景点融入了阳光休闲度假的元素，吸引着大批游客前来观光旅游，具有巨大的开发价值。

因此，攀西民族地区的旅居康养业发展潜力巨大，充分挖掘和利用这些丰富的旅游资源将为地区经济发展注入新动力，促进当地旅游业的蓬勃发展。

2. 文化资源

在分析攀西民族地区的文化资源时，我们需要重点关注攀枝花市和凉山州丰富多彩的民族文化。

攀西民族地区是一个多民族聚居的地区。这些少数民族在长期的生产和生活中孕育了独具特色的民族文化活动，其中包括各种传统节日，展示了丰富多彩的文化特色。凉山州是我国最大的彝族聚居区。在这一特殊区域内，彝族作为主体，各民族相互融合，共同生活和发展，形成了一个大家庭。彝族作为一个古老的族群，拥有悠久的历史和灿烂的传统文化，形成了独具特色的民俗文化和物质文化。这种人口分布特点使得攀西民族地区拥有丰富的民族文化资源。彝族的"火把节"、傈僳族的"牛王会"、白族的"三月三"、藏族的"藏历年"等节日都蕴含着独特的民族文化，构成了丰富多彩、异彩纷呈的文化景观。攀西民族地区以其独特的历史和地域特征、丰富多彩的民俗民风而留下了大量宝贵的精神财富。阿细跳月和跳丧祭等传统节日由彝族等少数民族主导，展示了其独具内涵的文化特色。在众多的自然资源中，最引人注目和最具特色的就是丰富多彩的民俗文化资源，如内容丰富的传统音乐和民歌，独具特色的曲艺、戏曲艺术等，构成了民族民间艺术宝库中的瑰宝。因此，攀西民族地区的旅居康养开发应充分挖掘其文化内涵和经济价值，如多彩的民间舞蹈、歌舞艺术、民族服饰等，这些都具有极大的旅游开发价值。攀西民族地区以其独特的民族风情和丰富多样的民族元素成为我国旅游资源中独具特色的一朵奇葩。其中，彝族最具代表性，其民族特色鲜明、地方风格明显且蕴含着深厚的文化底蕴。

（三）人才优势

攀西民族地区拥有攀枝花学院和西昌学院这两所地方应用型本科院校。这两所学校积极响应"产教融合"的号召，成为地方经济发展中不可或缺的力量。

攀枝花学院康养学院成立于2016年12月26日，由攀枝花学院主办，攀枝花市东区人民政府和花舞人间实业有限公司协办。该学院是全国首家康养学院，标志着我国首个省级民办康养专业的正式成立。学院秉承"以学生为本、全面育人、全程育人"的宗旨，注重提高学生的综合素质，努力培养高素质教师队伍和具备创新能力的复合型人才。学院设有护理学本科专业，涵盖护理、康复治疗技术、助产、老年服务和管理等领域。此外，学院还开设了中医康复保健方面的专业，以及眼视光、配镜两个中专专业，为攀西民族地区的旅居康养业发展提供了人力资源储备。

西昌学院也在人才培养方面发挥着重要作用。学院设有旅游与城乡规划学院，为攀西民族地区的旅居康养一体化发展提供了人才支持。这两所学校将为地区的旅居康养业注入新的活力和动力。

## 第三节　攀西民族地区发展旅居康养业的机制分析

攀西民族地区在发展旅居康养业时，可以利用其少数民族的独特文化资源和特有气候条件，促进攀西民族地区的经济社会发展。这样既能保护和传承攀西民族地区的文化遗产，又能促进攀西民族地区的乡村振兴。

### 一、保障机制

#### （一）优化政策供给及创新机制

在制定旅居康养政策方面，需要综合考虑旅居康养业的发展需求，通过改革调整现行政策，实现政策和资金的高度集成，为产业发展创造良好的环境。此外，还应从税收、土地、人才等政策出发，制定相应的引导和扶持政策，加快产业的创新发展速度，实现产业的可持续发展。同时，政府部门之间需要加强协调与合作，落实资金、政策和法规保障，形成有效的产业链，提升产业发展的整体效能。在此基础上，需要加大宣传力度，提高人们对旅居康养业的认识度和接受度，满足市场需求，并不断创新产品和服务模式，推动产业的健康、快速发展。

1. 加强土地流转管理

应确保旅居康养产业相关土地的流转和使用规范化，通过创新的流转制度为产业发展提供可靠的土地资源。在制定土地利用规划时，相关部门应将旅居康养产业作为重点考虑对象，适当提高土地供给水平以满足产业发展的需要。此外，相关部门应加强对土地的监督管理，避免出现用途变更等问题；需要制订并实施科学的复垦计划，将符合条件的缓坡山地和工矿废弃用地作为旅居康养产业的基础资源，以提升产业发展水平和土地资源的综合利用水平，实现更好的综合效益。同时，相关部门应加强农村集体建设用地的开发利用工作，完善土地流转监督管理制度，创新发展合作经营模式，提高农村闲置土地资源的利用水平；必须重点加强土地和其他资源的科学利用工作，实现使用权的合理变现，为旅居康养产业发展提供更加充足的土地和房屋资源。基层组织需要确保产业发展环境，发挥上级部门的引导和支持作用，加快相关配套设施的建设速度，通过科学创新实现攀西民族地区旅居康养业发展模式的升级，提高资源综合利用水平。

2. 创新政策供给

为促进旅居康养产业的发展，应根据国家相关政策提供优惠政策，包括减免税收费用等措施，以减轻其负担。针对康养类设施的水、电、热、气等费用，应执行相对较低的收费标准。

3. 健全发展体系，促进产业集群化发展

产业集群化发展能够进一步提升攀西民族地区旅居康养产业的综合发展水平。通过科学利用相关资源，并结合考核激励政策，可以提高创新理念和创新模式的利用水平，实现攀西民族地区旅居康养产业的集群化发展。在局部区域形成集群化发展优势，提高产业综合发展水平和社会影响力，为招商引资等工作的顺利开展奠定良好基础。

4. 发挥政府、市场等主体的优势作用

必须充分发挥政府主导作用，积极开展市场化运作，实现政府资源、社会资源的有机结合与综合利用，实现攀西民族地区旅居康养服务模式的科学创新。在具体工作中，需要对国有资源进行科学整合，提高国有农、林资源的科学利用水平，减少资源浪费，综合运用租赁、使用权转让、入股等参与形式满足各主体参与产业发展的需求，打造更加全面系统的旅居康养产业集群。同时，做好政策支持工作，降低各主体参与产业发展的难度。

（二）打破行政壁垒，形成联动机制

在发展旅居康养产业的过程中，攀西民族地区各级政府应该做好资源整合工作，发挥地方政府的行政职能作用，科学引导攀西民族地区旅居康养产业的发展，提升相关资源的整合利用水平，从而为产业发展创造有利环境。同时，需要重点提升康养资源、公共资源、基础设施资源、交通资源等的共享水平。

需要克服传统观念的影响，避免传统行政壁垒的限制和制约，从政府层面上形成良好的协调合作关系，以确保产业发展政策的协调配合和旅居康养资源的整合利用水平，并为攀西民族地区旅居康养产业集群的形成奠定良好的基础并提供有效保障。因此，相关地方政府必须从整体规划的层面出发，制定科学的产业协调发展战略，并立足于良好的发展环境，打造旅居康养业科学的竞合关系。必要时，可以设立专门的协调监督机构，共同对相关地区的政府决策、行业政策以及企业战略进行监督和引导，以确保资源的科学整合和高效利用，并克服传统思想的约束和制约，促进旅居康养业的科学发展。

在构建和发展旅居康养基地时，西昌、攀枝花等城市应该充分协商沟通，在综合考虑两地发展实际的基础上，对其利益关系进行合理协调，并制定符合两地发展需要的产业发展策略，为各自旅居康养产业的发展提供所需的支持。同时，必须确保产业发展环境和企业经营环境的质量，并为产业创新发展创造良好的外部环境。

此外，各地政府还应该进行政策创新改革工作，优化资源配置、调整税收结构，并进一步减轻产业发展压力，提高其创新发展能力。在具体的政策方面，各地政府需要推动资源配置的优化工作，提高攀西民族地区医疗资源的配置总量和配置效率，为广大游客提供更高质量的医疗服务。同时，还应该做好人才培养工作，为旅居康养业的发展提供更多专业的医疗服务人才，以提升康养服务和医疗服务水平，并进一步提高产业发展水平，增加其对国内外游客的吸引力。

在具体工作中，充分发挥政府的引导作用是至关重要的。政府的引导工作水平直接决定了攀西民族地区旅居康养业的发展水平，并会对产业竞争关系产生直接影响。作为攀西民族地区的主要城市，攀枝花、西昌等城市必须积极履行其职能，克服本位思想的不利影响，并避免行政壁垒对产业发展的限制和制约。

## 二、驱动机制

产业发展的动力源于内部和外部，即内生动力和外生动力。内生动力源于旅客需求和目的地供给，提升管理和服务水平是旅居康养业的重要调节力量，而科技创新则是旅居康养业升级换代的重要支撑。外生动力则包括基础设施建设、精准政策供给、税收优惠、市场监管政策等。

### （一）内生动力

1. 游客需求驱动是旅居康养业发展的核心力量

随着城乡居民的收入水平大幅提高，人们生活需求变得越来越多样化。在这种背景下，旅居康养消费需求已经从传统的观光消费向多元化、休闲化转型。旅居康养产品呈现出多种特点，进一步提高了游客对产品体验的要求。现代游客在选择旅居康养目的地时，不仅追求愉悦和放松，还追求融入当地文化、自我提升、享受高品质生活等方面。攀西民族地区的气候独特，更能与现代游客的需求相结合。为适应现代旅游消费的变革，攀西民族地区的旅居康养产品、要素、业态都需要全面契合，满足游客多元化需求。

2. 供给能力是旅居康养业发展的原生驱动力

现有的单调、标准化的旅居康养供给难以满足优质旅游新需求，也无法与其他区域旅游目的地进行有效竞争。市场的强烈需求和生存的需要迫使攀西民族地区的旅居康养业各个要素必须在存量优化、增量培育、边界淡化和融合加速等多个方面增强其供给能力。攀西民族地区需要加强旅居康养业的横向联动，促进文化体验、旅游演艺、体育运动、户外运动、医疗养生、商务会展等多种业态的共生和互融，积极推进"康养+"和"+康养"的多元产品体系。旅行社、旅游景区、医院、民宿机构、个体经营者以及其他相关企业，必须与政府、社会力量紧密合作，密切关注目标市场需求，创新旅居康养产品和服务，优化旅居康养业环境，培育新兴市场主体，创设个性化品牌，并进行全域、全时、全季的要素提升。

3. 管理体制与服务是旅居康养业升级换代的重要调控力

管理体制和服务对旅居康养业发展起着至关重要的作用，在指导康养企业、推广旅居康养目的地、促进康养新业态发展、推进康养试验区建设、治理旅居康养市场、加强康养安全防范等方面发挥着独特的作用。在旅居康养业的发展过程中，管理体制和服务能力与经济基础的匹配程度关系重大，匹配程度越高，管理效率越高。积极有效的旅居康养政策将在协调各市场主体和产品要素方面发挥重要作用，特别是在全域康养布局等关键转型升级问题上。这些政策对于资源的有效配置、康养需求的引领、旅居康养地的管理水平提升、美好生活空间的构建等具有重要的调控作用，需要政府、企业和行业协会之间加强合作。

4. 科技创新是旅居康养业升级换代的重要支撑

随着"互联网+"的快速发展，智慧康养迅速成为人们关注的热门话题。科技创新为康养体验、康养产业供给、康养管理体制和服务等各个方面都带来了革命性的突破和意义。以人才建设和创新驱动为核心的康养科技研发有效地缩小了游客和旅居康养目的地之间的距离，改变了传统的旅居康养时空概念，实现了智慧化升级的旅居康养体验。此外，科技创新还在拓展康养产业边界、强化康养产业相互渗透性、精准了解游客偏好并预测游客消费行为、提升区域康养产业供给能力和供给质量等方面都具有重要意义。此外，科技创新还为旅游管理体制和服务提供了新的手段，在舆情监控、投诉处理、环境监测、安全预警等服务管理环节展现出信息化和智能化优势，成为促进旅居康养业升级换代的重要外部支撑力量。

（二）外生动力

目前，攀西民族地区已从行业准入、发展规划、人才引进、经营范围等多个方面着手构建民族地区旅居康养业发展的外部驱动机制，但仍需要在完善基础设施、精准政策供给、税收优惠政策、市场监管政策多个方面发力。

1. 完善基础设施

攀西民族地区是我国少数民族聚居地之一，但其社会经济发展水平相对较低，尤其是旅居康养业这一新兴产业的发展相对滞后。攀西民族地区的基础设施建设水平相对落后，限制了旅居康养业的配套服务能力的提升，不利于旅居康养业的良性发展。因此，攀西民族地区需要着重推进基础设施建设，优化外部环境以推动旅游业的快速发展。这将进一步发挥旅居康养业的带动作用，有助于提高社会经济发展水平。

在攀西民族地区，交通运输这一基础产业的发展水平将直接影响其发展水平。由于相对复杂的地形和气候特征，攀西民族地区的交通基础设施建设难度较大，难以保证交通运输的畅通和可靠性，这对旅居康养业的发展产生了极大的影响。因此，必须重点加强基础设施建设工作，全面有效地进行交通网络的维护和管理，以满足旅居康养业的发展需求。调研数据显示，交通不便是游客对攀西民族地区旅游产业的普遍认知，这一问题得不到及时有效的解决必然会直接影响游客体验，进而影响旅游业的良性发展。因此，攀西民族地区的各地方政府必须协作推进交通网络建设工作，不断提升交通运输服务能力，为游客提供更加便利的出行环境。针对上述问题，笔者认为打造康养专线是一个相对科学合理的发展策略，能够在完善地方公共交通网络的基础上满足游客的出行需求，并提升旅居康养业的综合服务水平。

2. 精准政策供给

目前，在多重政策的驱动下，攀西民族地区的旅居康养业呈现出明显的多元化特点。攀西民族地区属于横断山区。其中，攀枝花市位于裂谷中南段，属于浸蚀、剥蚀中山丘陵、山原峡谷地貌，夏季长、四季不分明，是因"三线建设"而兴起的城市；而凉山州是我国彝族主要居住地，地势呈西北高、东南低的特点。由此可见，发展旅居康养业时应针对不同地区的差异制定精准的政策。

针对凉山州，应根据彝族聚居的特点，充分利用国家对民族地区的精准化政策，发展具有民族文化特色的旅游业。凉山州拥有绵延不绝的遗世之美，错落有致的山川之声和群山万壑、多姿多彩的景色，而"中国天然氧吧"的清新空气、"中国果桑之乡"的香浓气息和"国家级乡村旅游重点村"的乡村美学更是凉山州的独特之处。凉山州拥有优越的旅游气候资源，孕育了避暑避寒、休闲康养和物产丰富的生态环境。例如，角半村从大凉山最著名的樱桃之乡发展而来，在文旅产业发展版图上精耕细作，重点倡导新时代乡村旅游建设。不同地区的自然资源和地理位置也有所差异，政府应针对各地具体情况，制定相应的旅居康养业发展政策，为凉山州的旅居康养业提供外部动力。

攀枝花市的温度变化不大，适宜老年人居住，被誉为养老城市。因此，攀枝花市在发展旅居康养业方面具有很强的优势。然而，各地资源条件不同，需要根据实际情况制定相应的政策，合理规划，精细布局，促进攀枝花市的旅居康养业高质量发展。

受到人口老龄化、居民收入增加以及人们对健康关注度的提高等多种因素的影响，包括房地产投资者和保险机构的各类主体对旅居康养业产生了浓厚兴趣。这些主体更关注于通过建立非营利医疗机构，推动周边地产价格的上升，从而获得更高的利润，而非营利医疗机构本身的盈利并不是其特别关注的因素。因此，政府应积极引导这些资本进入非营利医疗市场。

3. 税收优惠政策

税收优惠政策在促进旅居康养业发展方面具有巨大吸引力。攀枝花市政府提出了以"健康攀枝花"为核心的发展战略，并制定了一系列旨在鼓励旅居康养业发展的税收优惠政策。这些政策涵盖了对养老服务业的大力减免税安排、普惠康养和专项政策扶持基金设立等，有力推动了行业发展，助力攀枝花培育了一大批以康养为主题的产业。因此，旅居康养业不仅是一个充满潜力的蓝海市场，也将成为新一代独角兽企业的发展热土。凉山州将旅居康养纳入"十四五"规划，并在康养、旅游领域提供税收减免或优惠政策，为在凉山州从事康养产业的企业提供金融、财政、税收等方面的支持。

4. 市场监管政策

市场原本应通过竞争机制和消费者的选择来进行净化，但这一过程往往漫长且容易出现市场失灵。一旦市场失灵，政府就需要通过监管政策加以修正。实际上，攀西民族地区的旅居康养市场起步较晚，但已出现市场失灵现象，因此需要政府这一外部力量进行有效监管。监管是政府的责任，社会组织和行业组织不能代替政府行使这一职责。政府的监管主要应集中在两个方面：一是对医疗质量的监管，以解决相关的虚假医药广告、过度治疗等问题；二是加强对医疗利润的监管，清除那些以非营利之名行营利之实的医疗机构，有效控制医疗行为的逐利性。

### 三、运行机制

#### （一）打造康养精品，促进动态康养

在旅居康养业的发展过程中，攀西民族地区面临着一些重大问题。首先，缺乏长远统一的产业发展规划和区域性、集群性的产业发展优势。地方政府在具体工作中未能全面深入地开展调研工作，对本地区的旅居康养资源缺乏科学认知。此外，在旅居康养项目设计开发过程中，协调能力不足，导致产业发展分散、混乱，无法确保旅居康养资源的整合和利用水平，进而制约了旅游业的科学发展。虽然当地政府已将旅居康养业确定为重点发展产业，但由于缺乏长远统一的发展规划，该领域的发展速度相对较慢，无法满足市场多元化的产品和服务需求。研究数据显示，游客在攀西民族地区停留的时间较长，其中停留时间超过一周的游客占一半以上。这表明，长时间的休闲度假是游客的主要需求，而不是短期的盲目浏览。然而，旅游资源的地方性差异，使游客需求相对集中和需求多元化不足，从而对旅居康养业造成了不利影响。

为解决上述问题，攀西民族地区地方政府需要进一步开发旅游项目，为游客创造多元化的旅游服务和层次化的旅游服务。攀西民族地区需要在优化旅游产业结构的基础上提升不同项目的吸引力，以提升游客的旅游积极性，扩大服务规模，并提高产业发展的水平和效益。

因此，各地政府在产业创新发展过程中，必须充分掌握自身资源禀赋，明确旅游业发展的优势，并实现资源高效整合。此外，攀西民族地区也应突出旅游项目的个性化和特色化，加快旅游线路精品化发展速度，建立区域内良好的产业发展关系，避免旅游同质化和恶性竞

争等问题的出现,构建起多元化、层次化的旅居康养业发展格局,为游客提供具有不同特色的旅居康养产品和服务,实现旅游产业的个性化和差异化发展,为游客创造别具一格、丰富多彩的旅游体验。

此外,为保证康养项目和旅游线路的质量,攀西民族地区必须制定标准化、规范化的产业政策,避免因服务质量问题而影响客户的体验。同时,各级地方政府也需要坚持区域化和协同化的发展理念,科学整合旅居康养资源,打破行政壁垒和地方本位主义的限制和制约,打造跨区域、跨部门的协调合作发展关系,扩大旅游服务规模,提高资源综合利用率,从而构建一种区域性、合作性的旅居康养业发展模式。在具体工作中,攀西民族地区还需要坚持差异化的发展理念,避免同质性问题的出现,更好地满足游客个性化、差异化的旅游服务需求,以此保证旅居康养业的持续稳定发展。

总的来说,凉山州的社会经济发展水平相对较低。这导致该地区的交通运输等公共事业的发展较为滞后,对地区经济的发展产生了不利的影响。因此,想要充分发挥旅居康养资源的优势,实现旅居康养业的科学发展,关键在于做好基础设施建设工作。这包括提高地区交通运输产业的发展水平,提高各项资源的流通效率,从而为旅居康养业的快速发展创造更好的条件。

(二)宣传保障机制

宣传在旅居康养业中扮演着至关重要的角色,其质量往往决定着康养产业的发展水平。因此,攀西民族地区地方政府应该积极展开宣传工作,必须对传统的旅游营销模式进行科学创新,并在丰富宣传形式和内容的基础上强化宣传效果,为旅游业的发展奠定良好基础。然而,总体来看,各地政府在宣传工作方面存在主次不分、本末倒置等问题。他们过度关注特定的旅游项目,缺乏对当地特色旅居康养资源的重视,导致营销活动的宣传效果不佳。

为了做好具体工作，各地方政府必须加强资源整合，重点开展旅游信息网建设工作，发挥网络平台的信息传播功能，更好地满足游客信息需求，提供更加便利、舒适的服务体验，赢得游客认可和满意，实现旅游业的持续发展。此外，建设和使用这一网络平台能够充分发挥其信息传播和收集的优势作用，准确把握游客需求，为旅居康养业的创新发展提供科学依据，提高旅居康养业的科学发展水平，为游客提供更高质量的特色康养服务。

　　为提升旅游营销宣传效果，攀西民族地区地方政府可充分发挥微博、微信等成熟媒体的功能作用，设立微博官方账号、微信公众号等并积极开展营销宣传工作。目前，微博、微信等互联网应用已成为社会公众最重要的信息来源渠道和交流互动平台，为营销宣传工作开展创造了有利环境。各地方政府应充分利用这些平台，在微信公众号、微博官方账号开展营销宣传工作，同时与用户进行沟通，提高公众对攀西民族地区旅居康养业的认知水平，为旅居康养计划实施提供全面、准确的依据，提高旅居康养体验质量。在具体工作中，政府可采用丰富多彩的活动形式，如有奖竞猜、发放体验券等方式，吸引游客参与。同时，宣传内容和形式要有新意，要充分发挥文字、图片、音频、视频等新媒体的优势作用，塑造良好的地区形象，增强旅居康养业对广大游客的吸引力。

　　攀西民族地区地方政府还应注重线下营销工作，扩大营销范围。目前，攀西民族地区的主要目标市场集中在周边地区和东北地区。因此，在策划营销活动时，需要加大对周边地区和东北地区的投入力度，确保传统客户群体的认可。同时，政府可通过旅居康养推荐会等形式开展宣传工作，在成都等大型城市扩大营销范围并提高公众对攀西民族地区旅居康养业的认知水平和认可程度。在选择目标市场和目标客户时，政府要坚持针对性的基本原则，注重小众营销模式，并选择旅游杂志、航空杂志等传统媒体以及新兴互联网媒体作为营销工具，确保其影响力。此外，政府还可借助各类节庆活动宣传当地民族特色文化，丰富旅居康养形象并增强宣传效果。为此，政府还需要策划更多具有趣味的主题活动，举办富有趣味性的旅游活动，为特色旅居康养业的发展奠定良好基础。

（三）挖掘游客需求，提升旅游体验

体验经济理论指出，消费者购买商品的实质是通过支付时间和金钱等代价来获取具有纪念价值的服务，消费者对服务的评价也直接影响着服务的价格。良好的服务体验能够为企业创造更多价值。在旅居康养服务中，各项活动内容都决定着游客的旅居康养服务体验，这也将成为旅居康养服务质量的主要评价指标。因此，创造良好的旅居康养体验是促进旅居康养业良性发展的关键。

旅居康养业是一种全新的旅游服务业，融合了旅游业和医疗服务业，为游客提供了全方位和丰富的旅居康养服务，有助于改善身心状况，维持良好的生活状态。因此，影响服务质量和使用体验的因素不仅包括旅游因素，还包括医疗服务因素。提供舒适的自然环境和高品质的医疗服务能够有效促进游客的身心健康，实现个性化的旅游体验。为此，攀西民族地区需要制定科学合理的竞合发展战略，准确了解客户需求，提供独特的旅居康养服务，打造个性化的旅游产品，为游客提供别具一格、高品质的服务体验。

以攀枝花阿署达村为例，其在开展旅居康养业的过程中，注重游客体验，努力创造舒适的旅游体验，满足游客对高品质旅居康养服务的需求。该地开展了多种联谊活动，通过交流互动构建游客与当地居民之间的良好关系，极大改善游客的旅游体验。同时，该地还认识到交流沟通对于老年游客的重要性，以满足游客的交流需求、赢得游客的认可为目标。此外，该地还将倾听游客的故事作为人文关怀的重要体现，为游客提供充满人文气息的旅游服务。

为了实现旅居康养的创新，必须开展调研分析工作，充分了解游客的服务需求，结合自身资源禀赋展开创新活动，保证旅居康养服务的针对性和有效性。同时，需要做好交流工作，实现先进经验的交流和传播，取长补短，共同提升旅游服务质量。在此基础上，攀西民族地区应打造独特的旅游服务模式，满足游客对个性化、人文化的旅居康养服务需求。

## 第四节　攀西民族地区发展旅居康养业的路径选择

强化顶层设计，两地联动促进攀枝花市与凉山州旅居康养业发展。在旅居康养业领域，攀枝花市与凉山州具有许多共同优势，但目前仅有攀枝花市在这方面取得了较为理想的发展成果。自2012年起，攀枝花市便首次提出了"阳光康养旅游"理念，并启动了"中国阳光康养旅游城市"创建活动。2014年，攀枝花市成功举办了第一届中国康养产业发展论坛，并提出了创建"中国阳光康养产业发展试验区"的构想。此后，攀枝花市相继制定了多项发展规划，如《攀枝花市创建（中国）阳光康养试验区发展规划》《攀枝花市老龄事业发展规划（2013—2020年)》等。在这些指导方针的推动下，攀枝花市的"康养加旅游"工作顺利展开，每年约有5万名"候鸟"老人前来"越冬"。然而，凉山州在旅居康养开发方面不尽如人意。因此，攀枝花和凉山两地需要抓住攀西民族地区"十四五"规划的机遇，进一步强化合作，借鉴攀枝花市的成功经验，打破区域壁垒，加强顶层设计，有效地促进攀西民族地区"全域旅游"战略的实施，深入发掘与整合两地的旅居康养资源。

## 一、项目多元化，拓展消费市场

截至 2023 年年末，中国 60 周岁及以上的人口数量已经超过 2.96 亿。预计到 2050 年，老年人口将占全国总人口的三分之一。作为大健康产业和旅游产业的复合产业，旅居康养业具有良好的市场环境和广阔的发展空间。目前，国内许多学者已提出了发展康养旅游的建议。然而，在实践中仍存在许多问题亟待解决。目前推广的"养生+养老"模式是符合当下形势和需求的一种新尝试，但在实际操作中，旅居康养开发理念还需要进一步完善。攀西民族地区的"阳光康养"主要面向中老年人群，但这种定位却导致旅游产品形态单一，主要集中在冬季。这一现象主要是缺乏符合老年人需求的特色旅游产品所致。为了满足不同年龄段游客的健康需求，攀西民族地区应该结合本地优势，开发多种旅游产品，如森林康养、温泉康养、体育康养、医疗康养、母婴康养、康复康养、亚健康防治康养等，拓展消费者的选择空间，增强吸引力，促进"养老一族"和"旅游一族"的整合。此外，攀西民族地区还可以依托各个时节和各民族的资源优势，开发一系列特色旅游项目，为游客提供更加多样化的选择。

## 二、加强基础设施建设

攀西民族地区相对偏远，经济相对落后，基础设施建设不够完善，导致旅游业相关配套服务也跟不上，例如医疗、通信、住宿餐饮、网络服务等。此外，攀西民族地区的金融保险、邮政服务、购物娱乐等旅游配套服务设施也需要进一步完善。因此，旅居康养的大力发展成为解决这些困难的关键。许多地方政府将旅居康养发展视为拉动地方经济增长的关键，但是由于缺少科学的规划、资金的投入不到位、人才匮乏等，旅居康养的持续发展受到限制。交通条件对于任何旅游区的发展都是至关重要的，因此，解决好交通运输问题成为实现"旅居康养，富民强区"目标的关键所在。随着中国经济社会的持续发展，城镇化进程不断加快，人们对于出行环境与健康安全的关注程度也不断提高。在这种背景下，旅居康养逐渐成为旅游市场最具发展潜力的领域之一。攀西民族地区一直以来以矿产资源富集而闻名，但由于山地地形的限制，长期以来交通条件较差。因此，要发展旅居康养业，首先要解决交通问题。攀西民族地区需要打通区域内旅居康养的公路和铁路通道，促进区域内的旅游景点互联互通；在此基础上，需要开辟连接攀西民族地区和其附近大中城市的高铁线路，并扩建攀枝花保安营机场和西昌青山机场，以便吸引更多外省和外国游客前来旅游，为游客提供更加便捷的交通服务。

# 第六章 攀西民族地区乡村振兴
## 特色文化产业发展路径

在乡村振兴的发展过程中，攀西民族地区的特色文化产业扮演着举足轻重的角色。作为一个拥有丰富民族文化遗产和独特地域特色的地区，攀西民族地区有着得天独厚的优势，可以通过挖掘、传承和发展特色文化产业，推动乡村振兴战略的实施。

## 第一节 攀西民族地区特色文化产业发展的优势和劣势

### 一、攀西民族地区特色文化产业发展的优势

攀西民族地区涵盖了许多重要的文化遗产，其中包括苴却砚雕刻、彝族刺绣（凉山彝族刺绣）、彝族传统建筑营造技艺（凉山彝族传统民居营造技艺）等。这里主要阐述凉山彝族刺绣的文化艺术、彝族传统建筑、民族节庆文化。

（一）凉山彝族刺绣的文化艺术

凉山彝族刺绣作为一种重要的民间艺术形式，因其独特的风格和

深厚的文化内涵备受关注。刺绣图案源自自然界的灵感，分为动物、植物、人物和自然四大类，展现了丰富多彩的彝族文化特色。刺绣采用高纯度的红、绿、紫等颜色与黑色布料搭配，形成强烈的对比效果，展现了彝族对自然与人生的深刻理解。其针法多样，包括平针、插针、掺针等技巧，图案则以吉祥美好为主要表现主题，色彩鲜艳、线条流畅，体现了其独特的艺术风格。

### （二）彝族传统建筑

彝族传统建筑采用穿斗式榫结构，屋顶采用人字形坡瓦板瓦，墙壁多为土墙或砖墙。其内部结构分为上下两层：上层通常采用穿枋结构；下层则以主客区域为基础，采用柱体和板壁嵌合而成的纹饰。这种建筑不依赖现代化手段和建筑图纸，仅凭工匠们的传统技艺进行施工，展现了彝族人民对传统工艺的深刻理解和传承。建筑装饰部件包括屋内的板壁、屋檐、门楣等，图案多以日月、星辰、花卉等自然元素为主题，彰显了彝族传统建筑的独特魅力和民族特色。

攀西民族地区特色文化发展的优势不仅体现在丰富多彩的民族文化遗产上，还反映在其独特的艺术形式和建筑风格中。这些文化元素不仅丰富了当地的文化底蕴，也为其经济社会发展提供了重要支撑和动力。

### （三）民族节庆文化

民族节庆文化象征着一个民族的文化标识，反映了不同时期人们的思想情感和对美好生活的向往，表现出独特的民族特色。民族节日对人们日益增长的精神生活需求起到了一定的满足作用，为人们的业余生活增添了乐趣，提高了他们的文化素质。一些地方重视举办多种形式的节庆活动，这类活动成为文化建设的必要元素和经济开发的关键因素。

民族节庆文化对推动民族地区的经济发展具有积极的促进作用。在"民族文化地区"的发展目标的指引下，民族节庆活动已成为重要的旅游元素，同时也为构筑文化产业发展搭建了重要平台。表 6-1 总结了攀西民族地区主要少数民族的传统节日。

表 6-1　攀西民族地区主要少数民族的传统节日

| 民族 | 节日名称 | 主要活动 |
|---|---|---|
| 彝族 | 火把节 | 耍火把、摔跤、斗牛、歌舞表演 |
| 藏族 | 藏历年 | 赛马、野餐、跳锅庄、对歌、祭祀 |
| 羌族 | 羌历年、祭山会 | 跳沙朗 |
| 苗族 | 花山节 | 爬花杆、芦笙、歌舞 |
| 土家族 | 牛王节 | 祭祀、歌舞 |
| 瑶族 | 盘王节、干巴节 | 祭祀、歌舞、跳铜鼓舞 |
| 侗族 | 三月三、牛神节 | 祭祀、歌舞 |
| 傈僳族 | 阔时节、新米节 | 歌舞、祭祀、下火海、爬刀杆、丢包、射弩比赛 |
| 布依族 | 三月三、四月四、六月六 | 民间歌舞、弹月琴、吹木叶 |
| 白族 | 火把节 | 赛马、祭祀、庙会、串寨、歌舞 |
| 壮族 | 陇端节、六郎节 | 戏剧、歌舞、杂耍 |

## 二、攀西民族地区特色文化产业发展的劣势

攀西民族地区民族文化产业虽然有了一定的发展，但从整体上来看，还处于探索和起步阶段，文化产业规模偏小，市场机制不完善。

（一）文化资源丰富但市场主体匮乏

攀西民族地区拥有丰富的特色农业和文化资源，但缺乏具有市场意识、政府控制、引领和推动市场的文化企业家。文化产业的发展虽然依赖于艺术家创作，但仍需要文化企业家的投资、服务和管理。文

化企业家是文化产业的核心竞争力，文化产业需要以文化企业家为中心。没有文化企业家的参与，文化产业的发展将无法实现，因此需要培养和激发文化企业家的创业热情。文化企业家对文化产业的发展具有关键性的影响，他们需要挖掘文化资源，发挥创造力，创造具有竞争优势的文化产品。

（二）文化产业意识淡薄

攀西民族地区虽然拥有悠久的历史和丰富的文化资源，但长期以来，当地居民将文化视为一种单纯的消费性事业，将文化事业视为一种投入成本。这种非产业观念导致人们长期只注重文化的社会效益，而忽略了文化的经济效益。因此，文化事业的投入相对较少，产出也不够高。这导致了文化事业和经济建设之间的严重脱节，使得"两张皮"的情况越来越明显，效益不佳。为了更好地服务于地方经济和社会发展，怎样才能使文化事业发挥更大的作用呢？实际上，人们对文化事业的关注程度不够，忽视了文化产业的作用。在文化事业的发展上，攀西民族地区仅侧重于物质产品的生产，忽视了精神产品的投资和支持。许多传统文化事业单位在经费自给率和市场化程度方面存在不足，而积累也十分有限，导致效率低下。

（三）公益文化事业基础相对薄弱

攀西民族地区的文化设施数量虽然逐年增加，但质量却不佳。目前的文化基础设施已经无法满足人民不断增长的需求。尤其在农村地区，受到经济发展水平和历史传统的影响，教育、科技、医疗、体育、社会保障和其他社会公益事业与发达地区相比仍然有一定的差距，这对农村精神文明建设带来了一定的不利影响。

（四）缺乏科学的发展规划和统一的组织领导

攀西民族地区在传统文化和文化遗产方面有着悠久的历史和丰富

的资源。但是，因为缺乏科学的规划和统一的组织领导，当地的文化产业发展尚未达到预期的水平。为此，政府和企业应该充分利用当地的文化资源，积极进行文化遗产保护和传承工作，并制定可行的规划方案，从而推动文化产业的发展。同时，由于文化产业的发展需要统一的组织领导，政府和企业应该协力加强组织领导，建立有效的机构，统一调整文化产业发展的方向以实现可持续发展。另外，投资也是推动文化产业发展非常关键的因素之一，因此攀西民族地区还应该加大对文化产业的投资力度，进一步提升当地文化产业的水平和影响力，实现可持续发展。

## 第二节　攀西民族地区特色文化产业发展路径的选择

### 一、创造多样化产品形态

在创造特色文化多样化产品形态方面，攀西民族地区需要实施具有特色的民族文化产品战略。这一战略的核心在于开发与旅游业相结合的纪念品，通过这种方式，可以更好地展示地域特点、民族特色以及非物质文化遗产的独特魅力。举例来说，可以开发具有地方特色的手工艺品、民族服饰、艺术品等，以满足游客对当地文化的需求。通过将文化转化为实际的物品形式，游客可以更直观地感受到攀西民族地区丰富的文化内涵。

在实施这一战略的过程中，攀西民族地区需要加强对民族文化资源的保护和挖掘工作。政府可以制定相关政策，加强对民族文化遗产的保护，并支持相关机构和团体进行民族文化资源的挖掘和整理。此外，政府还可以通过加强民族文化教育，提升当地居民对本土文化的认同感和自豪感，从而更好地传承和发扬民族文化。除了加强民族文化资源的保护和挖掘，还需要大力发展民族文化产业市场。政府可以通过制定相关政策和提供资金支持，鼓励企业和个人参与民族文化产品的生产和销售。同时，政府还可以建立相关的市场监管机制，加强对民族文化产品质量和知识产权的保护。这些举措可以提高民族文化产品的竞争力，促进民族文化产业的快速发展。在推进民族文化产业的发展过程中，政府还应该注重品牌建设，建立具有影响力的民族文化品牌，提升产品的知名度和美誉度，进而吸引更多的消费者。政府还可以通过加强文化旅游宣传推广，扩大产品的市场影响力，促进产业的健康发展。

为了推动民族文化产业的产业化发展，政府采取了多种举措。第一，政府将民族文化纳入地方经济社会发展规划，这意味着政府将民族文化产业发展列为重要任务，并在政府规划中予以重视和支持。通过纳入规划，政府可以更好地引导民族文化产业的发展方向，促进其持续健康发展。第二，政府对民族文化予以资金支持，发展民族文化。这包括对民族文化产业的资金支持和政策倾斜，为民族文化产业的发展提供必要的资金和政策支持，以推动其发展壮大。第三，政府还应致力于推动民族文化产业的可持续发展，并探索绿色发展之路。这意味着政府不仅关注民族文化产业的短期发展，还注重其长期的可持续发展，并尝试探索符合环保要求的发展模式，以实现经济效益提升和环境保护的双赢。第四，政府要加大对民族文化产业的投资，特别是对农业文化产业的投资。农业文化产业是攀西民族地区的重要组成部分；政府通过加大投资，可以提高其综合竞争力和核心竞争力，进而促进整个民族文化产业的发展。第五，政府还要加强与文化旅游产业的协作。文化旅游产业是攀西民族地区的支柱产业之一；政府通过加强与文化旅游产业的合作，共同推动两个产业的协同发展，实现产业互补和资源共享，进一步扩大民族文化产业规模。第六，政府大力发展活动经济和文化旅游，这将成为我国旅游业发展的新亮点和新动力。活动经济和文化旅游是现代经济的重要组成部分；政府通过发展这些产业，不仅可以吸引更多的游客，还能促进地方居民的文化素质提升和地方文化认同，从而提高人民生活水平。第七，政府积极推进项目落地，努力做好土地、税收工作和配套设施建设等，为文化项目创造有利条件。

政府通过提供必要的条件和环境，吸引投资和生产要素，打造文化品牌，从而推动文化产业的发展。这些举措将为攀西民族地区的民族文化产业发展注入新的活力和动力，促进其可持续发展。

## 二、出台相关政策促进特色文化产业发展

为促进攀西民族地区特色文化产业的发展，政府应出台相关政策。这些政策包括：提供专项资金支持民族文化产业，建立文化创意园区和艺术家工作室，加大对文化企业的税收减免和财政补贴力度，鼓励民间资本参与文化产业投资，提供创业创新政策扶持等。同时，政府可以加强对文化产业人才的培养和引进，设立奖励机制鼓励文化创新和创意设计，加强文化产品的知识产权保护，推动文化产业与旅游、科技、教育等产业的深度融合，促进文化产业的健康快速发展，为攀西民族地区经济发展注入新动能。

第一，需要制定相关的产业支持政策，以实现文化、旅居康养和农业产业的协同发展。这些政策应该针对休闲观光农业提供相应的模式选择。在这一过程中，政府应该发挥作用，引导社会资本进入文化产业领域。为此，政府必须引入市场机制来优化资源配置，建立科学

高效的宏观文化管理体制和微观文化生产与服务运行机制。

第二，应通过改革创新机制，激发市场主体活力，提高文化产业的竞争力，促进产业结构的优化升级。政府可以通过举办各种文化活动，促进文化市场的发展，推动攀西民族地区文化产业和特色农业文化的深度融合，提高攀西民族地区特色农业的质量。同时，在尊重少数民族传统文化的前提下，攀西民族地区应发掘当地独特的旅游资源，发展具有民族特色和地域特色的文化旅居康养业。

第三，需要加强文化人才队伍建设，提高从业人员的素质，培养一批优秀的创业者。应积极探索科技和创意相结合的方法，开发具有创新性的文化产品。注重挖掘地方文化内涵，打造具有地域特色和民族特色的旅游商品品牌。这要求打破传统的固有格局，强调以文化产品创新来赢得市场。

第四，在文化产业发展中，注重开发利用并加强保护是至关重要的。为此，需要建立专门的法律机构对文化产业进行全面管理，以保护和开发文化资源。一方面，需要加强对文物古迹的建设和管理；另一方面，要加大对旅居康养业的宣传力度，注重发展文化产业。政府应当拨出专款用于建设图书馆、博物馆、剧场和其他文化设施，并在一些重要城市建设大型公共娱乐场所，如音乐厅、歌剧院和美术馆。这些名胜古迹和文化设施不断延展着历史和文化的厚重，吸引着一大批参观者。此外，还要鼓励专业协会和中小企业发展。政府应该资助文化团体，并通过举办展览或培训来促进它们的成长和壮大。协会和中小企业是促进文化产业发展的主要因素。当然，无论是大企业还是中小企业，都可以投入资金以促进文化产业的发展。

攀西民族地区的民族传统文化艺术活动对社会发展和文化建设具有重要影响。因此，政府需要加强对民族文化艺术活动的监管，并建立完善的审查制度，以确保这些活动的安全和规范性。只有这样，攀西民族地区的民族传统文化才能得到更好的发展，进而促进该地区民族特色文化产业体系的繁荣发展。政府应采取更加有效的政策措施，加强对民族文化艺术活动的管理和监督，确保这些活动的顺利进行，避免违规行为和不安全情况出现，维护民族文化艺术活动的正常进行和社会稳定。此外，政府还应加强宣传教育，让人们更好地了解民族文化，提高对民族文化艺术活动的认可度，促进民族文化的传承和发展。

# 第七章 攀西民族地区特色农业品牌发展路径

## 第一节 攀西民族地区特色农业品牌发展路径的优势

特色农业是一种带有明显地域特色的农业生产方式，它依托区域独特的资源条件和较高的产品品质，具有一定的生产传统和产业基础。得到有效支持和扶持后，特色农业能够在全国各地和国际市场上形成强大的竞争力。攀西民族地区农业总体水平偏低，农产品市场区位条件不佳，集约化、规模化程度不高。然而，攀西民族地区在特色农业的发展方面具备相当的潜力和基础，是中国西部地区具有竞争优势和发展潜力的农村地区之一。

攀西民族地区是中国西南资源"金三角"区域的重要组成部分，辖区内山高林立，是农业立体带状分布特点最突出的资源优势区。受历史和自然条件的影响，攀西民族地区的经济发展水平相对较低。该地区地形复杂，相对高差可达 3 000 米，属于典型的山地沟壑区，土地资源丰富；阳光充足、气候干燥，昼夜温差大，雨季明显。各地区的气候差异较大，包括南亚热带到北温带等多种气候类型。攀西民族地区拥有金沙江、雅砻江、大渡河、安宁河及数百条干支流，水资源丰富，但降雨时间不均匀。土地资源以山地为主，地形地貌主要是高山峡谷型。交通运输得到改善，区域内有国道108线、成昆铁路，有西昌青山机场、攀枝花保安营机场。在这些有利条件下，攀西民族地区的经济发展迅速，已初步形成以种植业为主、林业为辅的农业产业结构。自"九五"时期以来，攀西民族地区即成为国家级农业开发重点地区，长期以来受到国家有关部门的重视。

早在20世纪80年代初，攀西民族地区开始着手推动现代农业的发展。米易立体农业的试点工作是一项重要的举措，通过循序渐进的方式不断加强实践，取得了显著的成效。到"九五"时期末，攀西民族地区已成为国家农业综合开发的重要地区之一，并获得了相关政策和资金支持。这一成绩使得攀西民族地区从一个农业落后的地区变为四川省和西部地区农业开发的"明星"之一。

## 一、独特的自然环境所形成的消费者认知优势

攀西民族地区拥有独特的自然环境和优越的地理位置，其消费者也形成了独特的环境认知。虽然该地区的经济发展相对滞后，但其丰富的自然资源，如山川、森林、湖泊以及文化景观，为消费者提供了丰富的消费体验。

攀西民族地区的居民收入相对较低，因此消费者对价格更加敏感。商家可以提供更加实惠的商品和服务，吸引更多的消费者。同时，该地区的文化景观也为消费者提供了更多的消费体验，如游览特色景点、参观历史文化遗迹等。这些文化景观的独特性和历史价值也能够吸引更多的游客。这种消费者认知优势不仅提高了消费者的满意度，同时也为攀西民族地区的经济和社会发展带来了积极影响。

攀西民族地区的特色农产品已经为海内外消费者所熟知，如烟

叶、国胜茶、芒果、枇杷、樱桃等。由于该地区独特的地理环境和气候条件，特色农产品具有得天独厚的自然资源优势，为开发特色农业产业提供了天然便利。消费者在购买农产品时最关注的是食品的安全健康问题。攀西民族地区的农产品因其原生态自然环境和多彩的少数民族文化而备受推崇。这些消费者的认知优势是建立攀西民族地区特色农业品牌的重要因素。著名品牌管理大师特劳特认为，"品牌创建的过程本质上就是对消费者心智资源进行攫取"。因此，创立攀西民族地区的特色农业品牌时应注重对消费者现有认知及认知规律的分析。也就是说，要从消费者认知特点的研究入手，探索消费者心智结构模型及其影响因素，并以此为基础设计相应的营销策略。攀西民族地区的农产品已在消费者心中留下了良好的印象，这决定了该地区的农产品在市场上具有很强的竞争力和发展潜力，为打造攀西民族地区特色农业品牌奠定了良好基础。

## 二、生物资源丰富所形成的产品品质优势

攀西民族地区因其独特的自然环境而拥有丰富的生物资源，其中植物资源尤为突出。该地区的森林、草原、湿地等生态系统下植物种类繁多，为当地企业提供了丰富的原料，能够满足消费者多样化需求。此外，攀西民族地区还拥有丰富的动物资源，如熊、野牛、鹿等，能够为当地企业提供更多肉类、乳制品等原材料，提升产品品质。攀西民族地区的生物资源为当地企业提供了优质原料，能够生产高品质产品，满足不同消费者需求，提升产品品质优势。

虽然攀西民族地区的特色农产品备受青睐，但市场上仍存在优质农产品质量参差不齐的问题，甚至有毒有害物质的存在，威胁着消费者健康和当地经济发展。随着政府对农业的扶持力度不断加大，消费者对高品质农产品的需求也在增加。攀西民族地区的农业生产在生态

文化意识和传统生产方式的影响下，对农药、化肥的使用得到有效控制，加之少有工业污染，使得特色农产品具有较高的安全性和品质属性，相对于其他农产品更具竞争优势。

然而，攀西民族地区特色农产品开发也面临着一系列困境，其中包括：产业规模小，缺乏有实力的龙头企业；优质品牌农产品培育不足，市场竞争力弱；缺乏高素质人才，制约特色农产品质量提升；缺乏完善的监管体系。因此，攀西民族地区需要采取一系列措施，包括优化产业结构、发展特色产业、加大科技创新力度、加强监管体系建设等，以推动攀西民族地区特色农业的发展。

## 第二节　攀西民族地区特色农业品牌发展路径的劣势

虽然攀西民族地区特色农业的发展取得了斐然成绩，但同时也存在诸多问题。这些问题主要是自然条件限制、政策扶持不足等因素所致，主要表现为投入不足、基础设施差、科技含量低、商品化处理和精深加工程度不足等。这些问题严重制约着当地特色农业生产水平的提高。因此，在发展特色农业方面，攀西民族地区应该抓住核心问题，在标准化上下足功夫，以实现攀西民族地区特色农业在"十四五"时期的重大跃迁。

### 一、品牌运营人才匮乏

攀西民族地区拥有独特的自然环境和丰富的农产品资源，这为当地农产品生产和加工业的迅速发展提供了有利条件。然而，由于缺乏农产品品牌运营人才，当地企业在品牌运营和推广方面遇到了困难，无法将自身品牌推广到更广泛的市场，从而受到了一定的影响。因此，攀西民族地区的企业应该加强品牌策略的制定，提高企业品牌认知度，树立企业品牌形象，并通过多种渠道加强品牌宣传，促进品牌推广，吸引更多客户，以实现企业的长期稳定发展。

为解决攀西民族地区特色农业品牌运营人才不足的问题，企业需要采取一系列措施。首先，企业需要积极招聘更多的品牌运营人才，并为其提供专业的品牌运营培训，使其掌握品牌运营的基本知识和技能，能够熟练地运营和推广品牌。其次，企业需要加强对品牌运营人才的激励措施，以提高他们参与品牌运营的积极性。最后，企业还需要制定科学的品牌运营策略，以更有效地推广和运营品牌，实现企业发展目标。

解决攀西民族地区特色农业品牌运营人才匮乏的问题，需要企业招聘和培训更多高素质的品牌运营人才，加强对他们的激励，并制定有效的品牌运营策略，以促进当地企业的发展。

## 二、品牌建设资金投入不足

品牌的创建离不开人力、物力和财力的支持。其中，资金使用效率的高低是企业品牌创建成功与否的关键因素之一。攀西民族地区位于我国西南，虽然资源丰富，但交通闭塞，信息不畅。

目前，随着市场经济的不断深化，市场竞争日益激烈，许多企业面临着资金短缺的问题。因此，攀西民族地区的农民非常注重品牌的建设。然而，由于攀西民族地区地方政府经费有限，虽然近年来国家加大了对西部地区及涉农产业的投入，但农业产业面广，真正用于品牌建设的资金寥寥无几。创建攀西民族地区特色农业品牌，主要依靠企业自身的投入，尤其是依靠龙头企业的经费投入。由于攀西民族地区特色农业龙头企业整体实力较弱，投入到品牌建设方面的经费是有限的，最终造成了产业发展的恶性循环。

品牌建设的资金投入较少，使得产业市场竞争力较弱，产品溢价性较差，附加值低，进而导致产业的发展受到限制，企业利润率较低，难以积累资金投入到品牌建设等方面。因此，攀西民族地区需要加大对农业产业品牌建设的资金支持，特别是加强对农业产业龙头企业的资金扶持，以促进品牌建设和提升产业竞争力。

### 三、产业龙头企业发展实力整体较弱

攀西民族地区以农业为主要经济来源，经济发展水平相对较低，导致特色农业品牌建设的资金投入不足。受政府财政投入的限制，地方政府只能在特色农业品牌建设方面提供有限支持。同时，农民自身也缺乏足够的资金去投入品牌建设，只能通过劳动创造收入。此外，攀西民族地区农民对品牌建设的认知和思考能力有限，缺乏参与建设的积极性。

为了解决攀西民族地区特色农业品牌建设资金投入不足的问题，政府应该积极加大财政投入，提供更多资金支持农民建设品牌，并加强文化教育，提高农民对品牌建设的认识和重视。同时，政府还可以采用多种方式吸引社会资本投入，为特色农业品牌建设提供更多的资金支持。农民也应该积极参与品牌建设，争取更好的经济回报。只有政府、农民和社会资本齐心协力，共同推进攀西民族地区农产品品牌建设，才能为该地区的经济发展和农民的收入提高做出重要贡献。

### 四、农业生产组织专业化程度较低

农业生产组织主要指农民专业合作社，这些合作社以家庭农户为主要生产者和经营者。随着国家扶持农业的力度不断加大，尤其是乡村振兴战略的实施，攀西民族地区的农业经济得到了快速稳定的发展。然而，农业产业的分散和土地的分散使用，导致该地区农产品的

差异性较大，农业产业化程度和规模也存在着一定的问题。

农业产业化企业作为我国农村经济的重要组成部分，其经营行为直接关系到农产品市场供给结构、产品质量水平以及农民增收效果。农业产业化企业和农业生产组织通常是互利共赢的关系，前者除了自产原料外，还从后者处购进原材料进行生产和加工。然而，不同地区的资源禀赋和农业生产组织方式存在差异，导致了不同类型农产品的品质差异较大。因此，农业生产组织的专业化程度和效率对攀西民族地区特色农业的产品品质和竞争力具有重要影响。

## 五、农产品市场竞争存在无序化的现象

攀西民族地区由于经济发展水平较低，农产品市场竞争环境缺乏秩序。许多企业采取低价策略互相抢夺市场，导致市场竞争无序化。

地方政府在农产品品牌建设方面的资金投入较少，同时农民文化素养也有待提高，缺乏品牌建设的认知和热情，这也是农产品市场竞争无序化的原因之一。为鼓励农民参与企业品牌建设，政府应制定有利于农民参与的政策，引导农民参与品牌建设，同时提供一定的资金支持，激励农民积极参与农产品市场竞争。只有政府和农民共同努力，合理引导市场竞争，才能改善攀西民族地区农产品市场竞争的无序化，实现农产品市场竞争的公平有序。

## 六、品牌意识较弱

攀西民族地区农产品品牌意识的缺失成为制约农业发展的重要因素。随着社会经济的不断发展，人们对农产品质量和安全的关注日益增加，而农产品质量问题往往源自生产环节中的管理不善。因此，如何在不同地区有效管理和控制农产品质量已成为迫切需要解决的问题。攀西民族地区农户的品牌意识仍然十分淡薄，主要表现在以下三

个方面：

第一，部分农户缺乏对品牌价值和意义的认识，也未能理解品牌创建与运营。因此，政府有必要采取更多措施来帮助西部地区的农户参与农产品市场竞争并推进农产品品牌建设。政府可以鼓励企业和行业机构开展品牌建设培训，加强农户对品牌建设的认识并增加他们参与品牌建设的机会。同时，政府应该加大对品牌建设的支持力度，例如提供资金补助和技术支持等，以协助他们有效开展品牌建设。此外，政府还可以制定激励政策，如设立奖励计划并对参与品牌建设的农户进行表彰，以激励更多农户积极参与到农产品市场竞争中。

第二，部分农户缺乏品牌意识，在市场上对自己生产出来的产品缺乏信心，甚至存在怀疑或厌恶心理。同时，许多中小企业主在品牌建设上存在误区，错误地认为做品牌就是做大企业。攀西民族地区的农户和企业主缺乏品牌建设知识储备，缺乏正确的品牌建设理念；农产品市场竞争激烈，农户和企业主缺乏技术和资金支持，难以参与竞争。此外，政府缺乏有效的政策支持，使得农户和企业主难以完成品牌建设任务。

第三，部分农户对品牌的理解存在偏差，缺乏品牌意识，甚至出现了品牌遗忘的现象。有些人认为只有大企业才能有品牌。要解决攀西民族地区农户和企业主缺乏品牌建设知识储备的问题，可以通过开展品牌建设培训让他们掌握正确的品牌建设理念。政府可以出台有利于品牌建设的政策，如减免企业税收和为农民和企业主提供资金支持；可组织专业的咨询机构设计和实施品牌宣传和推广策略，提升农民和企业主的品牌认识；鼓励农户和企业主在品牌建设上投入更多资金，并提供政府的税收减免政策支持。政府还可以鼓励和支持农民和企业主组织品牌研究会，及时发现和解决品牌建设中的问题，推动品牌建设进程。

## 第三节　攀西民族地区特色农业品牌发展路径的选择

### 一、以产业集群发展为基础的品牌发展路径

农业区域化已成为参与国际竞争和合作的主要趋势，这与农业的明显地域性特征和产品属性密不可分。然而，出于历史原因，攀西民族地区农村虽然资源丰富，但却未能充分发挥优势，因此要实现跨越式发展必须依靠产业化之路。然而，这一过程中存在一些制约因素。为了促进区域品牌的壮大，打造农业产业区域品牌是攀西民族地区发展特色农业品牌的重要手段。根据产业集群理论，只有通过产业集群才能形成具有特色的区域品牌形象。因此，在农业产业集群发展格局下，树立攀西民族地区特色农业品牌成为该地区特色农业品牌创建的关键路径，从而促进攀西民族地区经济的快速健康发展。

产业集群指的是一群相关企业或机构通过某种方式结合起来，共同从事特定行业的生产经营活动并形成某种网络组织形式。在当今经济全球化的大环境下，依靠科技进步和创新面向市场，培育起具有影响力的产业集群对于促进区域经济发展至关重要。产业集群能够促进企业间信息共享、知识流通、技术创新等，从而提高生产效率和区域竞争力。哈佛大学教授迈克尔·波特认为："国家竞争优势源于产业集群竞争优势，产业集群是提升国家竞争优势的主要路径。"产业集群已被公认为当今世界最重要的组织现象之一，其强大竞争力正在改变全球资源配置方式和国际分工格局。因此，产业集群在推动当地经济增长以及参与国际竞争和合作中都具有重要作用。企业或机构为了实现特定的生产经营目标而集聚起来，通过共同学习和分工形成的群体

即为产业集群。

农业产业集群的发展对于塑造区域品牌具有重要的机制作用，具体体现在以下六个方面：

一是农业产业集群的发展能够促进信息和技术的共享和外溢，形成良好的集体学习机制。这种集体学习机制有利于农业产业技术和产品的创新与研发，进而拓展产品市场，提高农产品的竞争力。二是农业产业集群可以带来更多的就业机会，提高农民的收入水平，并实现可持续发展。通过提供就业机会，农业产业集群可以有效促进农村经济的增长，进而促进城乡一体化发展，推动整个地区乃至全国的经济社会全面协调可持续发展。三是农业产业集群的发展可以促进农产品加工和升值，推动农村经济增长。通过加工和升值，农产品的附加值得以提升，从而推动整个产业链的发展，进一步促进城乡一体化发展。四是农业产业集群的发展还可以引起地方政府的重视，获得更多相关产业政策和资金支持的机会。地方政府的支持可以进一步促进产业集群的发展，推动区域经济的增长。五是农业产业集群能够整合农村各种要素资源，优化生产要素配置和优化产业结构，提高地区经济的整体运行质量。通过整合资源和优化结构，农业产业集群可以有效降低交易成本，提高产品在市场上的竞争力。六是产业集群的发展还可以带动区域经济增长，促进产业结构优化升级，增加就业机会。

## 二、以产业龙头企业为引领的品牌发展路径

从产业发展的角度来看，企业处于主导地位，而产业中的龙头企业则扮演着推动和引领的角色。所谓产业龙头指的是在某一领域处于领先地位、能够创造巨大经济效益、具有强大市场竞争力的生产经营单位或组织。攀西民族地区已经涌现出一些产业龙头企业，一些企业在某种程度上反映了该地区的经济实力和科学技术水平。这些涉农产

业龙头是在地方政府的扶持下培育起来的，这类企业不仅集聚了各类人才，也注重在经费、研发和管理等各个方面的积累，具备现代企业的优势，对品牌的创建和提升发挥着重要的促进作用。品牌是企业核心竞争力的体现，能够为企业带来可观的经济效益。

在市场经济的环境下，品牌是企业核心竞争力之一。商品是品牌的载体，消费者通过购买商品来体验品牌的价值。品牌不仅是企业文化和经营理念的体现，更是一种无形资产。因此，想要成功地创建品牌，必须有良好的市场营销策略作为支撑。攀西民族地区的许多地方开始重视品牌建设，产业龙头企业在拓展该地区的特色农产品市场时常常扮演"先锋队"的角色。

从长远的角度来看，这些龙头企业在攀西民族地区农业产业化经营中扮演着不可或缺的重要角色。当这些企业的产品占据一定比例的消费市场之后，其他同区域、同产业的农产品生产者也会追随其后，逐步进入不同的细分市场，从而增加区域产品市场份额。目前，攀西民族地区一些靠近城市的涉农企业已经具备较强的农产品生产和销售实力，但尚未形成具有竞争力的大型龙头企业。其中一个原因是企业缺少市场洞察力和与消费者沟通的手段。与此同时，由于各地农业产业化发展水平的不同，攀西民族地区的龙头企业规模参差不齐。因此，培育具有一定规模的企业是一个重要而现实的任务。

龙头企业在人才培养与输送方面也发挥着重要作用。一方面，这些企业的管理和技术人员通常是从同行业其他企业中挖掘出来的；另一方面，这些企业的内部管理人员也会离开公司自主创业。龙头企业具有崇高的地位并承担着技术输出等角色。此外，龙头企业还能够协助当地培养相关人才，提升当地劳动力素质，促进区域产业的发展。同时，龙头企业还能够从产业链中获得更大的收益和支持，向其他中小企业提供技术支持和服务。龙头企业能够形成与相关企业的长期稳定合作关系，从而推动产业升级。除了人才流失外，龙头企业还能产生管理和技术的溢出效应。为了解决资金问题，龙头企业可以通过向其他行业企业或金融机构借款，或与其他相关企业合作设立基金。

在当今经济下行情况下，许多中小企业面临资金短缺的问题，而龙头企业的融资平台非常庞大，服务质量也很高。在攀西民族地区，许多小企业是通过招商引资的方式进入该行业的。然而，由于缺乏有效的合作机制，这些小企业往往与龙头企业之间存在着较大的差距，从而影响了整个行业的竞争力。龙头企业和相关的小企业可以建立战略联盟，小企业可以嵌入到龙头企业产品价值链的某个环节中，实现龙头企业的资金、技术和管理等向小企业的转移，提升小企业的运营管理水平。因此，通过招商引资，成功引入具有一定规模的龙头企业，将有助于带动全行业品牌的发展，甚至创造全新的产业品牌。

## 三、以旅居康养业为依托的品牌发展路径

攀西民族地区是中国旅居康养的知名目的地，拥有丰富的旅居康养资源，包括西昌、会理、攀枝花、宁南等地。这些地方可以利用攀西民族地区的旅居康养通道和资源的优势来打造攀西民族地区的旅游品牌。例如，米易枇杷和盐边国胜茶都是成功打造的具有攀西民族地区特色的旅游品牌。在设计旅游路线时，攀西民族地区需要结合当地实际情况，避免盲目开发。此外，攀西民族地区可以利用其丰富的旅居康养资源和通道，有针对性地开发旅居农产品。

当前，攀西民族地区的旅居康养业正在迅速发展。如何充分利用当地旅居康养资源，将旅居康养产业与乡村振兴战略有机结合，成为迫切需要解决的问题。我们可以借助旅居康养来创造品牌，发展新型的农业经营模式。同时，我们应该注重发展新型的农旅融合型经营主体，如农家乐、民宿和农村社区组织机构等。通过采用旅游体验、食

疗养生和农业发展的新型模式，我们可以实现三种不同的农旅结合方式，"以游客体验为主线""以食养身""以游促农"。这些模式具有很强的消费体验性，如果品牌定位准确、管理运营到位，很容易形成独特的品牌并提高农产品的附加值。

### 四、以科技创新为驱动的品牌发展路径

科学技术对农业生产发挥着至关重要的作用，能够帮助农业从传统方式向现代化转型。农业和旅居康养业之间具有互补性，它们之间的协作有助于有效开发旅居康养资源。这种结合孕育出一种新型产业——现代休闲观光农业，其独特的功能和价值越来越受到人们的重视，成为现代农业转型的重要推动力。随着全球经济一体化的加快，农业产业化经营已然成为促进我国农业现代化的重要途径。农业作为人类生存和发展的基础，也是工业文明进步的核心。科技与工业化生产方式已经融入农业生产中，农业作为传统行业的发展，同样依赖于科学技术，只有这样才能提升劳动生产率和市场竞争力，从而实现经济效益最大化。如何合理运用先进技术，增强农业竞争力，已成为我国当前亟须解决的关键问题。

科学技术是农业进步的主要推动力之一。只有加强科技创新能力，才能够实现我国现代农业的良性可持续发展。农业也是国民经济的基础，加快农业现代化进程对于经济平稳增长至关重要。科技创新的应用可以通过选育和开发新品种，丰富产品，完善品种结构和提高产品品质来提高市场竞争力。同时，现代信息技术的运用也能够颠覆传统的生产经营方式，提高资源利用率、劳动生产率并降低单位土地面积的产出成本，实现农民收益的增加。

## 五、以民族文化为载体的品牌发展路径

品牌的灵魂在于文化，文化是品牌基因的注入之源，具有持久的推动力，其发展也具有惯性和累积性。因此，文化创新需要从产业转型开始。在当今世界农业发展趋势中，推动传统农业向现代生态农业与休闲旅游业转变已成为必然。因此，发展具有地方民族特色的现代农业，将为我国新农村建设提供强大的精神支撑。

攀西民族地区是四川少数民族最为集中的地区之一，其民族文化资源十分丰富，包括民族饮食文化、民族医药文化、民族传统农业生产工艺文化，以及其他民俗文化和民族生态资源。攀西民族地区可以通过对这些民族文化进行挖掘整理、提炼和升级，形成独具特色的农产品、旅居康养产品和民族文化产业等产业体系，以民族民间技艺为主要内容。特色农业的产业化发展，不仅能够提升当地农民的生活水平，同时也为当地农村经济的发展注入了新的活力。

攀西民族地区的民族文化为其特色化农业品牌发展注入了丰富的内涵，促进了当地特色农业品牌的发展。在打造特色农业品牌时，需要树立"与众不同"的理念，在品牌开发中始终贯穿这一理念。核心指导思想应该以"与众不同"为主，顺应差异化发展战略，突出自身特色，并将其纳入企业经营中，使其形成独一无二的核心竞争力。在打造民族文化品牌时，攀西民族地区需要突出本地区的文化特点，将其融入品牌中去，以此发掘其深度和广度，形成清晰且具有特色的品牌形象。

民族文化品牌必须具有属于自己的亮点，这是区别于其他国家或地区品牌的一个重要标志。民族文化是宝贵的非物质资产，是独一无二的。攀西民族地区拥有众多人口，不同的地理环境形成了丰富多彩的传统农耕文化。只有做好文化资源的保护工作，才能推动区域经济

的发展。攀西民族地区可以将其与各地民族文化特点相结合，进一步构建特色农业品牌，促进区域经济的快速发展。一是在融入民族文化特色的基础上进行创新，发展攀西民族地区特色农业，推出新型特色农产品；二是在发展原有民族特色农业的基础上，不断扩大特色农业规模；三是将当地的民族文化融入其中，发展具有民族文化特色的原生态小众型农业品牌。

### 六、以制度为保障的品牌发展路径

在品牌发展的路径中，制度建设是至关重要的保障。一个完善的制度体系能够为品牌发展提供稳固的支撑和可靠的保障。这包括了法律法规的健全、知识产权的保护、市场监管机制的建立等方面。建立健全制度体系，可以有效维护市场秩序，保护企业的合法权益，提升品牌的竞争力和信誉度。制度为品牌发展提供了可持续的发展环境，能够使品牌在激烈竞争的市场中稳步成长，并赢得消费者的信赖和认可。

（一）成立攀西民族地区特色农业品牌领导组织机构

攀西民族地区特色农业品牌领导组织机构是推动该地区农业品牌发展策略的核心机构，旨在促进攀西民族地区特色农业品牌的发展，推动该地区农业向绿色发展方向转变。该机构应由攀西民族地区农业农村厅主导组建，包括攀西民族地区农业技术推广站、攀西民族地区农业数据中心、攀西民族地区农业处置中心、攀西民族地区农业信用保险中心等相关机构。该机构将全面贯彻执行攀西民族地区农业品牌发展策略，结合地方实际情况，加强特色农业品牌的建设、宣传、维护和推广等工作。该机构的主要职能包括制定攀西民族地区特色农业品牌发展政策和实施措施、统筹协调地区政府和行业机构、筹措和管理特色农业品牌发展资金、推动特色农业品牌发展、提升农业品牌形象和竞争力、宣传攀西民族地区特色农业品牌文化以及推动特色农业发展。同时，该机构还将积极参与特色农业品牌的建设和推广，落实农产品质量安全的监督管理，提升农业的绿色发展水平。

该机构应重视政府支持政策的落实情况，及时调整实施措施，推进攀西民族地区特色农业品牌的发展进程，促进攀西民族地区农业的绿色发展。通过该机构的努力，攀西民族地区有望发挥特色农业品牌的独特优势，彰显地区特色农业文化，提升地区农业的综合实力，推动地区经济社会可持续发展。

(二) 建立攀西民族地区特色农业品牌开发基金

为了推进攀西民族地区特色农业品牌的发展，攀西民族地区应设立特色农业品牌开发基金。该基金将用于支持攀西民族地区特色农产品的研发、标准化、品牌建设、宣传推广、质量安全等，以提高攀西民族地区特色农业品牌的竞争力和综合实力。

该基金还将支持攀西民族地区特色农产品相关科技、创新、管理、营销等项目，促进特色农业品牌的发展和创新，加速攀西民族地区特色农业品牌的建设，提升特色农产品的竞争力。

该基金将为攀西民族地区特色农业品牌的发展提供有力的支持，为地区农业绿色发展提供强有力的保障，并为地区经济社会的可持续发展提供支持。

(三) 加强对攀西民族地区农产品的品牌保护

攀西民族地区以其独特文化而闻名，农产品在其经济中扮演着重要角色。为了促进该地区农产品的发展，对于地理标志、生产工艺、企业商标等方面的保护认证和管理，地方政府应采取相应措施。一是加强对农产品地理标志的统一管理和有效保护；二是协调管理农产品生产工艺，防止企业擅自改变生产工艺；三是统一管控企业商标，防止企业冒充攀西民族地区农产品。强化对农产品的保护认证和管理，可以提升产品质量和竞争力，增加市场份额，为该地区经济发展贡献力量。

（四）不断创新农业产业组织管理模式

传统农业往往存在地域分散、规模小、生产者技能和管理水平低、生产运营风险高等问题。传统的农业组织和生产管理方式已不能满足攀西民族地区特色农业品牌战略的需求。因此，创新产业组织和管理模式，提高组织运营效率，是创建特色农业品牌的基本条件。攀西民族地区应加快产业协会组织建设，加大专业合作社的发展力度，并对其运营管理进行引导和规范。同时，攀西民族地区应创新农业生产组织管理模式，推动科技服务机构和科研机构的建设，建立良性互动、互惠、互信、互进的关系，打造专业化、科技化的农业组织管理模式。

（五）加强农产品食品安全检测

产品质量是树立品牌的基础，农产品的品质则以食品安全为基础。攀西民族地区的特色农业品牌战略应坚持生态健康定位，因为食品安全对行业和企业的影响至关重要。然而，传统生产方式存在多方面隐患，如农药残留超标、重金属超标等。因此，开发特色农业必须高度重视食品安全问题。攀西民族地区应从产业源头着手，发挥政府、行业协会、专业合作社和科技服务单位的作用，加强农业生产者的食品安全知识培训，强化食品安全检查执法。另外，建立健全信息发布机制和预警预报机制，可以减少食品安全事故的发生概率。

（六）加大对龙头品牌企业的政策支持与培育力度

在特色农业品牌的开发过程中，企业品牌的打造至关重要。企业作为农业产业的基石，其竞争力的提升对整个行业具有重要影响。在产业群体内部，龙头品牌企业的竞争力提升可以带动其他企业的同步成长。因此，如何通过有效引导和扶持龙头企业，带动整个产业集群的发展成为攀西民族地区必须面对的问题。

攀西民族地区作为四川重要的经济发展区域，龙头品牌企业在其经济发展中扮演着重要角色。为了进一步促进该地区经济的发展，地方政府应该加大对龙头品牌企业的政策支持和培育力度。

首先，地方政府应该采用政策手段，为龙头品牌企业提供财政补助、税收优惠、贷款宽松等支持政策，以促进其健康发展。其次，地方政府应该引入国内外先进的企业管理理念和技术，支持企业开展科学研究，改进和创新技术、产品和服务，提高企业竞争力。最后，地方政府还应该加大对龙头品牌企业的市场推广力度，树立良好的品牌形象，提高企业品牌知名度和品牌价值。

（七）引进和培养营销和品牌管理专业人才

攀西民族地区拥有大量优质农产品资源，但由于缺乏营销和品牌管理专业人才，农产品市场化发展步伐缓慢，对经济增长的推动作用有限。因此，地方政府非常重视引进和培养营销和品牌管理专业人才。

第一，政府将大力引进营销和品牌管理专业人才，与国内外优质院校合作，将攀西民族地区作为其实习培训基地，吸引更多专业人才前来发展，以满足农产品市场化发展的需求。第二，政府还将加大对专业人才的培养力度，建立推广农产品的培训系统，邀请专家进行实地讲解和指导，提高专业人才的技能水平。第三，政府还将出台支持政策，为专业人才创造良好的就业环境，并给予相应的激励政策，以保障其职业发展。第四，政府还将加强专业能力建设，吸收国际先进的理念和方法，以提高专业人员的素养。第五，政府将建立一套完善的考核体系，对专业人员的学习成果、业绩以及工作表现进行全面考核，并积极为优秀人才提供职业发展机会，以培养更多优秀的专业人才。

以上措施是地方政府加快农产品营销和品牌管理专业人员引进和培养的重要举措。只有拥有丰富、高水平的专业人才，才能推动攀西民族地区农产品市场化发展，促进经济增长。地方政府将继续通过各种方式，包括政策引导、专业培养、市场推广等，增强攀西民族地区营销和品牌管理专业人才队伍实力，进一步推动农产品市场化发展，共同促进地方经济的发展。

# 参考文献

## 一、中文专著

[1] 马克思恩格斯文集（第1~10卷）[M]. 北京：人民出版社，2009.

[2] 邓小平文选（第1~3卷）[M]. 北京：人民出版社，1993.

[3] 张雷. 中国城镇化进程的资源环境基础 [M]. 北京：科学出版社，2009.

[4] 许学强，周一星，宁越敏. 城市地理学 [M]. 2版. 北京：高等教育出版社，2009.

[5] 王小强，白南风. 富饶的贫困 [M]. 成都：四川人民出版社，1986.

[6] 陈秀山. 区域协调发展：目标·路径·评价 [M]. 北京：商务印书馆，2013.

## 二、学位论文

[1] 齐小伟. 乡村振兴背景下山西圣天湖运动休闲特色小镇体育旅游发展路径研究 [D]. 西安：西北师范大学，2022.

［2］张嘉益.乡村振兴战略背景下河南省体育特色小镇发展路径研究［D］.济南：山东大学，2020.

［3］侯晓璐.乡村振兴战略下多元主体协同参与特色产业发展的路径研究［D］.北京：北京化工大学，2022.

［4］代春瑶.万州区特色农业与乡村旅游协同发展路径研究［D］.重庆：重庆三峡学院，2020.

［5］许小月.乡村振兴战略下张郭镇特色小镇发展对策研究［D］.南京：南京理工大学，2019.

［6］罗月云.江西省体育特色小镇发展现状及路径研究［D］.南昌：南昌大学，2021.

［7］周诚.乡村振兴背景下醴陵市五彩陶瓷特色小镇发展水平评价研究［D］.长沙：中南林业科技大学，2021.

［8］张嘉益.乡村振兴战略背景下河南省体育特色小镇发展路径研究［D］.济南：山东大学，2020.

## 三、学术期刊

［1］陈爱民.乡村振兴战略背景下农村经济发展路径［J］.南方农机，2022，53（2）：99-101.

［2］陈贵华.乡村振兴背景下产业发展研究［J］.河南农业，2019（11）：4-5.

［3］陈航.乡村振兴战略背景下湖南省新田县特色产业发展路径研究［J］.现代营销（经营版），2020（5）：74-75.

［4］陈莉.基于乡村振兴的特色产业发展路径研究：以武威古浪县为例［J］.商讯，2021（15）：139-140.

［5］陈杏梅.乡村振兴战略视阈下特色小镇发展路径研究［J］.钦州学院学报，2019，34（6）：45-53.

[6] 陈云，朱莹莹.多重资本运作下乡村特色产业发展路径：以宣恩伍家台村茶产业为例 [J].中南民族大学学报（人文社会科学版），2021，41（9）：47-54.

[7] 崔彩周.乡村产业兴旺的特色路径分析 [J].中州学刊，2018（8）：47-52.

[8] 崔浩琛.乡村振兴视域下特色产业驱动农村集体经济发展路径研究：以天津市津南区小站镇操场河村为例 [J].天津经济，2022（2）：16-22.

[9] 董敏瑶，孔陇.乡村振兴战略下资源型城市特色产业发展路径研究：以甘肃省金昌市为例 [J].重庆文理学院学报（社会科学版），2022，41（5）：1-12.

[10] 樊韵雅，方军.乡村振兴战略下陈台村特色产业发展路径研究 [J].价值工程，2020，39（5）：19-21.

[11] 侯利.乡村振兴背景下的乡村产业融合发展路径分析 [J].农村经济与科技，2022，33（6）：108-110.

[12] 黎华露.乡村振兴背景下农民画产业发展路径探析：以广西三江农民画为例 [J].广西农学报，2022，37（1）：5-9，43.

[13] 李呈琛，郑诗琪，高鹏.乡村振兴背景下秦巴山区乡村特色产业发展路径探析：以宁强县罗家河村为例 [J].现代农业科技，2022（19）：201-203.

[14] 李丽娟，孔陇.乡村振兴战略下农村特色产业发展路径研究：以甘肃临潭县为例 [J].西安航空学院学报，2021，39（2）：24-31.

[15] 李璐涵."互联网+"背景下乡村旅游可持续发展路径探析：以安徽农旅小镇三瓜公社为例 [J].企业科技与发展，2018（8）：330-332.

［16］李卫东，杨丛权，戴居会，等.西南山区乡村振兴中优势特色产业的选择与高质量发展路径探究：以湖北省恩施州农业科学院帮扶的利川市谋道镇为例［J］.农业科技管理，2021，40（5）：1-5.

［17］梁玮，施琳.乡村振兴背景下农村特色产业发展路径优化策略［J］.公关世界，2022（21）：50-51.

［18］刘嗣明，胡伟博.乡村振兴背景下特色产业发展路径探析：以河南省西华县逍遥镇胡辣汤为例［J］.徐州工程学院学报（社会科学版），2021，36（6）：68-77.

［19］刘晓东.江西特色小镇发展路径探索［J］.老区建设，2018（14）：20-23.

［20］刘晓辉.乡村振兴战略背景下武威市特色小镇发展的维度分析［J］.农业科技与信息，2020（18）：10-11，13.

［21］陆海欣，徐金荟.乡村振兴战略下农村特色产业发展路径研究：以江苏省苏北地区为例［J］.价值工程，2019，38（21）：27-29.

［22］倪妮，何蓉.乡村振兴背景下民族地区红色文化资源开发路径研究：基于恩施土家族苗族自治州的调查分析［J］.党史博采（下），2020（6）：54-56.

［23］欧阳雅婷.乡村振兴战略下万州中药材特色产业发展路径研究［J］.种子科技，2021，39（21）：129-130.

［24］谯薇，邬维唯.我国特色小镇的发展模式与效率提升路径［J］.社会科学动态，2018（2）：94-99.

［25］苏婧.县域经济发展视角下特色产业发展路径探究：以河南省商城县为例［J］.信阳农林学院学报，2021，31（3）：53-57.

［26］覃成，罗希榕，杨凤飞，等.遵义市辣椒产业发展路径研究［J］.辣椒杂志，2021，19（3）：30-35.

［27］王倩，黄顺君，彭长林，等.乡村振兴视域下特色农产业发

展路径研究：以自贡市兔产业为例 [J]. 科技与经济, 2021, 34 (3): 36-40.

[28] 席吕思. 乡村振兴背景下农村特色产业推动贫困地区发展路径研究：以恩施巴东县为例 [J]. 特区经济, 2020 (12): 97-99.

[29] 肖伏清. 着力补短板走出乡村振兴新路径 [J]. 政策, 2018 (2): 23-24.

[30] 肖卓霖. 乡村振兴战略下清远农村特色产业发展路径的优化 [J]. 清远职业技术学院学报, 2021, 14 (6): 18-24.

[31] 杨雨佳. 乡村振兴背景下乡村特色旅游经济发展的路径研究：以四川渠县为例 [J]. 经济研究导刊, 2018 (33): 162 - 164, 167.

[32] 袁俊. 新时期河南省县域经济助推乡村振兴的现实路径探析 [J]. 中小企业管理与科技 (上旬刊), 2021 (12): 52-54.

[33] 张春霞, 翟晓叶, 曾德超. 乡村振兴战略背景下湖南省特色产业小镇发展现状及优化路径研究 [J]. 当代农村财经, 2022 (1): 45-50.

[34] 张洁. 乡村振兴战略下特色产业引领农村一二三产业融合发展路径探讨 [J]. 农业与技术, 2021, 41 (7): 143-146.

[35] 张俊涛. 农业特色产业发展路径分析 [J]. 商业文化, 2021 (36): 88-89.

[36] 张玥. 乡村振兴战略背景下的乡村特色产业发展研究 [J]. 特区经济, 2021 (4): 120-122.

[37] 赵国彦. 做强特色产业推动乡村振兴：剖析望都县辣椒产业, 优化河北省特色产业发展 [J]. 河北农业大学学报 (社会科学版), 2022, 24 (6): 63-68.

[38] 中国人民银行锡林郭勒盟中心支行课题组, 李登科, 姜波.

乡村振兴战略下金融支持欠发达地区特色产业发展的路径探索：以锡林郭勒盟绿色畜产品加工产业为例 [J]. 北方金融，2022（9）：104-109.

## 四、外文文献

[1] HENDERSON J V. Marshall's scale economies [J]. Journal of Urban Economics, 2001, 53 (1): 1-28.

[2] RAUSCHER M. Concentration, separation, and dispersion: economic geography and the environment [J]. Thuenen-Series of Applied Economic Theory, 2009.

[3] GRAU H R, AIDE T M. Are rural-urban migration and sustainable development compatible in mountain systems? [J]. Mountain Research and Development, 2007, 27 (2): 119-123.

[4] BAPTISTA S R. Metropolitanization and forest recovery in Southern Brazil: a multiscale analysis of the Florianópolis city-region, Santa Catarina State, 1970 to 2005 [J]. Ecology & Society, 2008, 13 (2): 5.

[5] ROBSON J P, BERKES F. Exploring some of the myths of land use change: Can rural to urban migration drive declines in biodiversity? [J]. Global Environmental Change, 2011, 21 (3): 1-854.